相続実務に役立つ戸籍の読み方・調べ方

第二次改訂版

税理士 小林直人／弁護士 伊藤　崇／行政書士 尾久陽子／弁護士 渡邊竜行　共著

ビジネス教育出版社

第二次改訂のことば

〝戸籍の確認に役立つ書籍を作りたい〟という思いから当書籍を出版し、はや5年半が経過しました。平成30年5月には「法定相続情報証明制度」の創設などに伴って改訂版を発刊しましたが、ありがたいことに多くの方に手に取っていただき、「実務的でわかりやすい」という声も多数いただいております。

戸籍の見方の大原則は5年半で変わることはありませんが、この間、戸籍の確認に関連する環境は絶えず変化しています。特に、平成30年7月には昭和55年以来となる、相続に関する民法改正が行われ、「預貯金の払戻し制度の創設」や「自筆証書遺言の方式緩和」、「自筆証書遺言の保管制度の創設」などが明文化されました。これらの制度は利用者については利便性が増す一方で、相続実務に従事する者については、従来以上に慎重な対応が求められることになります。

近年で起きた変更などを織り込んだ第二次改訂版を、このたび発刊することとなりました。上記で触れた民法の改正内容だけでなく、特別養子縁組の対象年齢引上げや、住民基本台帳法施行令の改正、住民票等における旧氏併記、本籍地の市区町村以外からの戸籍謄抄本の請求など、可能な限り反映させるようにしています。これまでの書籍同様に、本書を戸籍確認作業の一助としていただければありがたい限りです。

令和2年4月

著者代表　税理士　小林　直人

はしがき

私は税理士になる以前は証券会社に勤務しており、コンプライアンス部門として営業店で数多くの相続手続に立ち会いました。手続を行う中でたくさんの戸籍の確認を行ってきたのですが、私が入社した当時、店内には戸籍に関しての明確な知識を持つ者はおらず、先輩社員の経験則に基づく指導を受けながら、見よう見まねでやっていました。どうしても分からない部分については本社の法務部門に確認するのですが、現場を知らない担当者に当たってしまうと、「こんなことも分からないの？」と蔑まれながら専門用語を一方的に言われてちんぷんかんぷんのまま話が終わる、といったこともしばしばでした。当時新人だった私は「戸籍の見方について分かりやすい本があったらいいのになぁ」と常々思っていました。

それから時がたち、このたび、士業仲間の先生方とともに相続手続のための戸籍に関する本を出版する機会に恵まれました。私が証券会社時代に肌で感じた経験を踏まえ、戸籍の専門知識がない金融機関の方々や相続の実務に携わる方々にも読みやすいように、という思いを込めて書きました。

本書は6章で構成されていますが、目的に応じてどの章からでも読めるようになっています。第1章で戸籍収集の必要性について簡単に説明し、第2章では法定相続人と法定相続分について説明しています。第3章・第4章が戸籍の見方の具体的な解説となり、第3章では戸籍が編製される要因・消除される要因を戸籍の種類別に図表をふんだんに使って解説し、相続手続に必要な戸籍一覧についても触れています。第4章では養子縁組や認知があった場合、外国人と婚姻した場合など、さまざまなパターンに応じた解説をしています。第5章では相続手続の実務上特に注意すべき点について説明し、第6章は主に金融機関目線でのよくある質問をまとめており本書の索引として使用することもできます。その他、随所に読み物としてのコラムも掲載しています。本書が戸籍の確認に苦労している方々の一助になれば嬉しい限りです。

最後になりますが、本書の完成にご尽力いただいたビジネス教育出版社の酒井社長・山下様、およびアドバイスをいただいた金融機関の皆様に、この場を借りて御礼申し上げます。

平成26年8月

著者代表　税理士　小林　直人

目　次

第1章　相続人を確定させるための戸籍の必要性

第2章　まずは押さえておきたい相続人の基礎知識

第3章　戸籍の基本的な仕組みと様式

第5章 現場で知っておくべき注意点

第6章　よくある質問Q&A

《コラム》

第1章

相続人を確定させるための戸籍の必要性

1 相続手続を行うために必要なこと

◆戸籍は相続人を確定させるために必要

本書では戸籍についていろいろ説明していくのですが、そもそも戸籍とは何のために必要になるのでしょうか？

端的にいえば戸籍は「相続人を確定させるため」に必要になります。相続における戸籍は死亡した人（＝被相続人）と相続する人（＝相続人）との続柄を確認する役割を持ちます。人が死亡して相続が発生した場合、死亡者である被相続人の財産や権利である遺産は相続人が引き継ぐことになります。つまり、相続人全員の同意がなければ、原則として被相続人の財産に手を付けることはできません。

通常は相続発生後、相続人全員で遺産分割協議を行い「遺産分割協議書」を作成します。「遺産分割はまとまっていないが、まず預金を引き出せるようにしておきたい」という場合には、相続人の代表が口座を開設して預金残高を代表口座に移管させます。これらのケースはいずれも相続人全員の同意が必要になります。遺言書がある場合には必ずしも相続人全員の同意は必要ありませんが、それでも遺留分などの確認も踏まえて、相続人が誰かという最低限の確認は行わなければなりません。

◆戸籍を揃えてみて初めて分かること

誰が相続人になるかについては、家族構成によってさまざまです。配偶者は必ず相続人になりますが、それ以外は子どもが相続人になる場合、両親になる場合、兄弟姉妹になる場合、孫や甥・姪までが相続人になる場合……などいろいろあります。この「相続人が誰か」ということは戸籍を揃えてみて、初めて分かることです。

例えば、被相続人と同居していた親族が「相続人は自分たちだけだ」と思い込んでいたものの、実は他にも相続人がいた、というケースがあります。これは被相続人の先妻に子どもがいた場合や生前に正妻以外の子どもを認知していた場合に起こり得ます。

また、被相続人の親族が「私は相続人だ」と思っていても実はそうではなかったということも起こり得ます。例えば子どもがいる未亡人が再婚した場合、その未亡人の子ども（連れ子）は再婚した夫との間で養子縁組をしなければ、再婚した夫の相続人にはなりません。戦後直後には夫を戦争で亡くした未亡人が、まだ幼い子どもを連れて前夫の親類縁者と再婚するという話がよくあったようです。この時に再婚した夫が妻の連れ子を養子にしていないと連れ子は再婚した夫の相続人にはなりません。しかし、当時まだ赤子であった子どもは、話のいきさつを知らずに再婚した夫が実の父親であると思い込んでいるかもしれません。戸籍を見て、初めてその事実を知るということも十分考えられます。

さらに、被相続人の遺産が一定額を超える場合には相続税の申告や納税を行う必要がありますが、その場合の相続税の計算方法も相続人の数によって大きく変わります。

相続発生後のスケジュールの目安と主な必要手続については図1－1に示すとおりですが、これらの手続のうち大部分について、相続人が誰であるということや被相続人と当事者との関係性を立証しなければならず、その立証のために戸籍が必要になってくるのです。

図１－１　相続発生後のスケジュールの目安と必要な手続

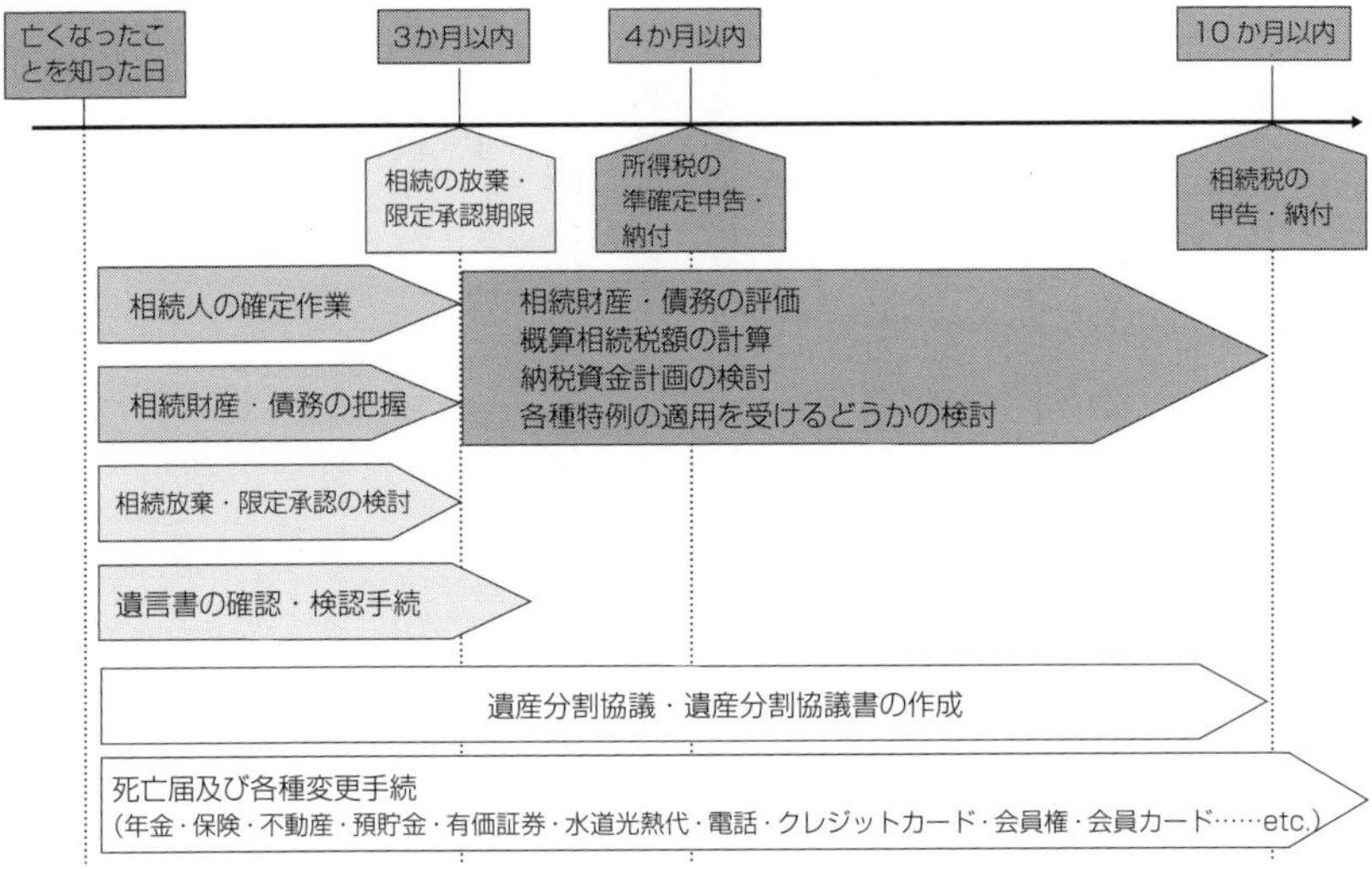

2　戸籍は直前のものだけ揃えればＯＫなのか？

◆被相続人の出生～死亡まで記載された期間の戸籍謄本は最低限必要

被相続人の死亡時点の戸籍は死亡当時に本籍を置いていた市役所や区役所に行けば取ることができます。それではこの死亡時点の戸籍だけで相続手続を行うことができるのでしょうか？　答えは否です。直前の戸籍だけでは相続人が誰であるかを特定できない場合がほとんどです。

先ほども述べましたが、戸籍を揃える理由は「相続人を確定させるため」です。相続人を確定させるための戸籍の範囲は、誰が相続人になるかによって異なりますが、最低限、被相続人の出生から死亡までが記載された期間の戸籍謄本は必要となります（第3章一二六頁参照）。しかし、直前の戸籍謄本だけではこの期間を網羅することは、ほぼ不可能です。

その理由の一つは、現行法の戸籍謄本では戸籍に記載される在籍者は「一の夫婦及びこれと氏を同じくする子」ごと、つまり一の夫婦とその子どもまでであることです。子どもが結婚した場合には、子どもは両親の籍から外れ、その子どもあるいは配偶者を筆頭者とする新たな戸籍が作られます（戸籍の編製）。また、何らかの事情で戸籍の本籍地を移転した場合（転籍）にも、転籍先が他市区町村であれば、転籍先で新たな戸籍が編製されます。さらに、被相続人に何ら変更がなくても法律や命令により従前の戸籍が新しい戸籍に編製されることもあります（戸籍の改製）。戸籍の改製は平成6年法改正による戸籍のコンピュータ化も含めて、これまで複数回行われています。

◈編製後の新戸籍に移記されない事項に注意

戸籍の編製要因などについては第3章で詳しく説明しますが、これらの結婚や転籍・改製等のさまざまな理由で戸籍は編製されます。つまり死亡時点だけでなく、編製事由があるたびにそれらをさかのぼって過去の戸籍まで取り寄せない限り、被相続人の出生から死亡までの戸籍謄本は揃わないことになります。

仮にどんなに戸籍が編製されていたとしても、直前の戸籍に相続人の情報が全て記載されているのであれば、わざわざ過去の戸籍を取り寄せる必要はありません。しかし、婚姻により新たな戸籍を編製した場合、従前の戸籍に記載されていた父母や兄弟姉妹は新戸籍には記載されません。転籍や改製などがあった場合にも、転籍前や改製前に婚姻・養子縁組・死亡等により除籍された人の情報は移記されません。

つまり、正確な相続人を把握するためには、被相続人の出生までさかのぼって戸籍を揃えないといけないことになります（金融機関によっては13歳ぐらい、あるいは16歳ぐらいからの戸籍があれば手続に応じる場合もあるようです）。

図１－２　被相続人の出生から死亡までの戸籍図

①　H17.7.16（コンピュータ化）～R2.4.18（死亡日）までの戸籍

（2の1）　全　部　事　項　証　明

本　　　籍 氏　　　名	埼玉県川口市石神 970 番 山田太郎
戸籍事項 　戸籍改製	 【改製日】平成 17 年 7 月 16 日 【改製事由】平成 6 年法務省令第 51 号附則第 2 条第 1 項による改製
戸籍に記録されている者 除　　籍	 【名】太郎 【生年月日】昭和 2 年 2 月 27 日 【父】山田一郎 【母】山田和子 【続柄】長男
身分事項 　出　　生	 【出生日】昭和 2 年 2 月 27 日 【出生地】埼玉県川口市 【届出日】昭和 2 年 3 月 5 日 【届出人】父
婚　　姻	【婚姻日】昭和 26 年 11 月 25 日 【配偶者氏名】小倉恵子 【従前戸籍】埼玉県川越市松郷 700 番
養子縁組	【縁組日】平成 22 年 3 月 27 日 【共同縁組者】妻 【養子氏名】山田洋子 【養子の戸籍】埼玉県川口市石神 975 番 山田五郎
死　　亡	【死亡日】令和 2 年 4 月 18 日 【死亡時分】午後 3 時 56 分 【死亡地】埼玉県川口市 【届出日】令和 2 年 4 月 20 日 【届出者】親族山田五郎

戸籍のコンピュータ化に伴いH17.7.16戸籍改製

R 2. 4. 18死亡により除籍

②　S26.11.25（婚姻）～ H17.７.16（コンピュータ化）までの戸籍

改製原戸籍

平成六年法務省令第五一号附則第二条第一項による改製につき平成拾七年七月拾六日消除㊞

本籍　埼玉県川口市石神九百七拾番

氏名　山田　太郎

婚姻の届出により昭和弐拾六年拾壱月弐拾五日夫婦につき本戸籍編製㊞

滅失の虞あるため命により昭和四拾壱年六月弐拾七日本戸籍再製㊞

昭和弐年弐月弐拾七日埼玉県川口市石神参百七拾番で出生父山田一郎届出同年参月五日受附入籍㊞

小倉恵子と婚姻届出昭和弐拾六年拾壱月弐拾五日受附川口市石神参百七拾番山田一郎戸籍より入籍㊞

父　山田　一郎

母　山田　和子

長男

夫　太郎

出生　昭和弐年弐月弐拾七日

婚姻により
S26.11.25
戸籍編製

戸籍のコンピュータ化に伴い
H17.7.16
戸籍改製

③　S２.２.27（出生）～ S26.11.25（婚姻）までの戸籍（戸主は父山田一郎）

本籍　埼玉縣川口市石神参百七拾番

前戸主　山田　祖父

明治参拾参年四月拾四日出生届出同日受附㊞

大正八年六月拾四日前戸主祖父死亡ニ因リ家督相續親権ヲ行フ母さと届出同月拾六日受附助役㊞

昭和参拾弐年法務省令第弐拾七号により昭和参拾五年壱月弐拾弐日あらたに戸籍を編製したため本戸籍消除㊞

戸主

前戸主ト ノ続柄	亡山田祖父　長男
父	亡山田　祖父
母	さと
	長男
出生	明治参拾参年四月拾四日

山田　一郎

戸籍の筆頭者は山田一郎（T８.６.16～S35. １.22の期間の戸籍）

～

埼玉県川口市石神参百七拾番ニ於テ出生父山田一郎届出昭和弐年参月五日受附入籍㊞

小倉恵子と婚姻夫の氏を称する旨届出昭和弐拾六年拾壱月弐拾五日埼玉県川口市石神九百七拾番に新戸籍編製につき除籍㊞

長男

父	山田　一郎
母	山田　和子
	長男
出生	昭和弐年弐月弐拾七日

太郎

婚姻によりS26.11.25新戸籍編製（山田一郎戸籍からは除籍）

S２.２.27出生（出生日が戸籍編製日（T８.６.16）より新しいためこれ以前の戸籍はない）

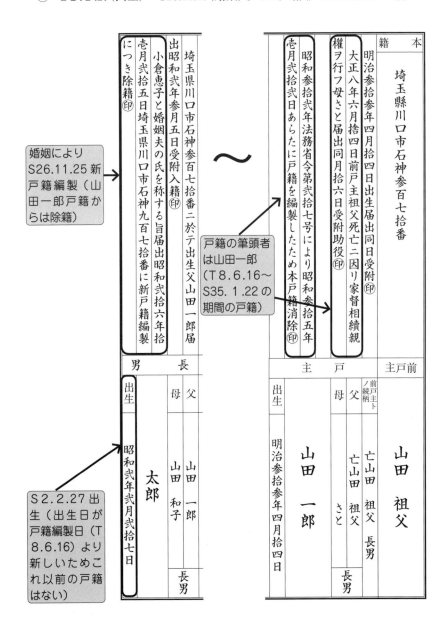

3 正確な戸籍が揃わないまま相続手続を行うことのリスク

ここまで、相続人を確定させるために戸籍が必要であるということをお話ししてきました。それでは戸籍が全部揃わない不十分な状態のまま相続手続を行った場合、どういうことが起こり得るでしょうか？

◆相続人から被相続人の預金解約の申し出があった場合

揃えた戸籍が不十分であるということは、相続人の確認作業が不十分であるということにほかなりません。相続人の確認が不十分であるということは、本来、相続人全員の同意を得なければいけないにもかかわらず、一部の相続人の同意を得ないまま相続手続が行われてしまう可能性があるということになります。これは現場で働く人たちからすれば大変なリスクです。

例えば相続人から被相続人の預金解約の申し出があった場合に、その相続人の言うことを鵜呑みにして、不十分な戸籍しか揃わない状態で手続に応じ、預金全額を解約して指定の口座に振り込んだとします。もしその後に被相続人に認知をした子どもがいることが判明した場合、その子どもが苦情を告げる矛先は相続人だけとは限りません。解約手続をした金融機関自体に苦情が向けられる可能性もあるのです。「なぜ相続人である私が同意していないのに勝手に預金を解約するんだ！」ということで、損害賠償を請求される事態に発展することも、大いに考えられます。

一般的に、相続人は戸籍の取り寄せについては軽く考えている節があります。楽観的な人は「もし新たな相続人が出てきたら、その時にまた話し合えばいいじゃないか」程度に考えますし、また戸籍を取り寄せるのが面倒と感じる場合には「相続人は私の言うとおりで間違いない。もし何かあった時のために私が念書を書くから、今ある戸籍謄本で手続を通してくれ」などと言ったりしてくることもあります。しかし、その何かあった時の矛先が相続人でなく自分たちにも向けられる可能性がある以上、相続人から取り付ける念書には何の効力もないということはお分かりいただけると思います。

《コラム》結果として無権限者に預金を払い戻してしまった場合の銀行の立場

相続人確認をしっかり行ったとしても、預金の受取人を定めた遺言書が後日無効になったなどの理由で、結果として無権限者に預金を払い戻してしまったような場合は生じ得ます。

このような場合、預金を払い戻した相手が無権限者であることを銀行が知らず、知らないことについて過失もない場合（＝善意無過失の場合）には銀行は無権限者への預金払戻しについて責任を負う必要がないとされています。

公正証書遺言や検認を経た自筆証書遺言である限り、これが実は無効であるかどうかは銀行窓口では知り得ないことが通常ですので、銀行が責任を問われる事態にはならないことがほとんどであろうと思われます。ただし、事前に他の相続人から遺言が無効であることについて申し出があったような場合には、その申出内容も勘案した慎重な判断が求められることになります。

◈戸籍の見間違い・見落とし

戸籍の不備は当事者の見間違いによっても起こり得ます。例えば次頁図1－3の戸籍謄本を見てください。

この戸籍には戸籍事項欄に「転籍」の文言と年月日の記載が羅列されており、一見、いつからいつまでを記載した戸籍なのかが分かりません。これは旧法戸籍では転籍後の戸籍にも転籍前の戸籍に記載されていた情報を、除籍に関する事項を除き全て移記することになっていたため、過去の転籍事項なども全て記載されます。ここでこの戸籍の在籍期間の始期を明治34年9月18日からと読み違えてしまうと、転籍前の戸籍があることに気が付かず、相続人を見落としてしまう可能性があります（その他、旧法戸籍は現行戸籍と様式が異なり非常に判別しづらい事項が多々あります）。

また、現行戸籍では養子縁組や認知を行った場合、養子・認知された子どもはその人の戸籍に入籍するわけではなく、養子縁組・認知をした人の戸籍事項欄に記載されるだけです。この戸籍事項に記載された一文を見落としてしまうと、相続人の判断を誤ることになります（図1－4参照）。

相続税の申告を行う会計事務所などにあっては、戸籍自体は相続人に依頼しなくても税理士の職務請求により自ら取り寄せることができます（第3章46頁参照）が、戸籍の見方を誤り法定相続人が誰かを間違えると、相続税の計算自体が変わってしまうことになります。

以上のように、現場で相続手続を行う人にとって、相続人の確定は非常に重要かつデリケートな作業になります。そのためにも、誰に相続権があるかという相続人の判定と、それを確定させるための戸籍の見方を理解することは必要不可欠になってくるのです。

図１－３　旧法戸籍における転籍の表示

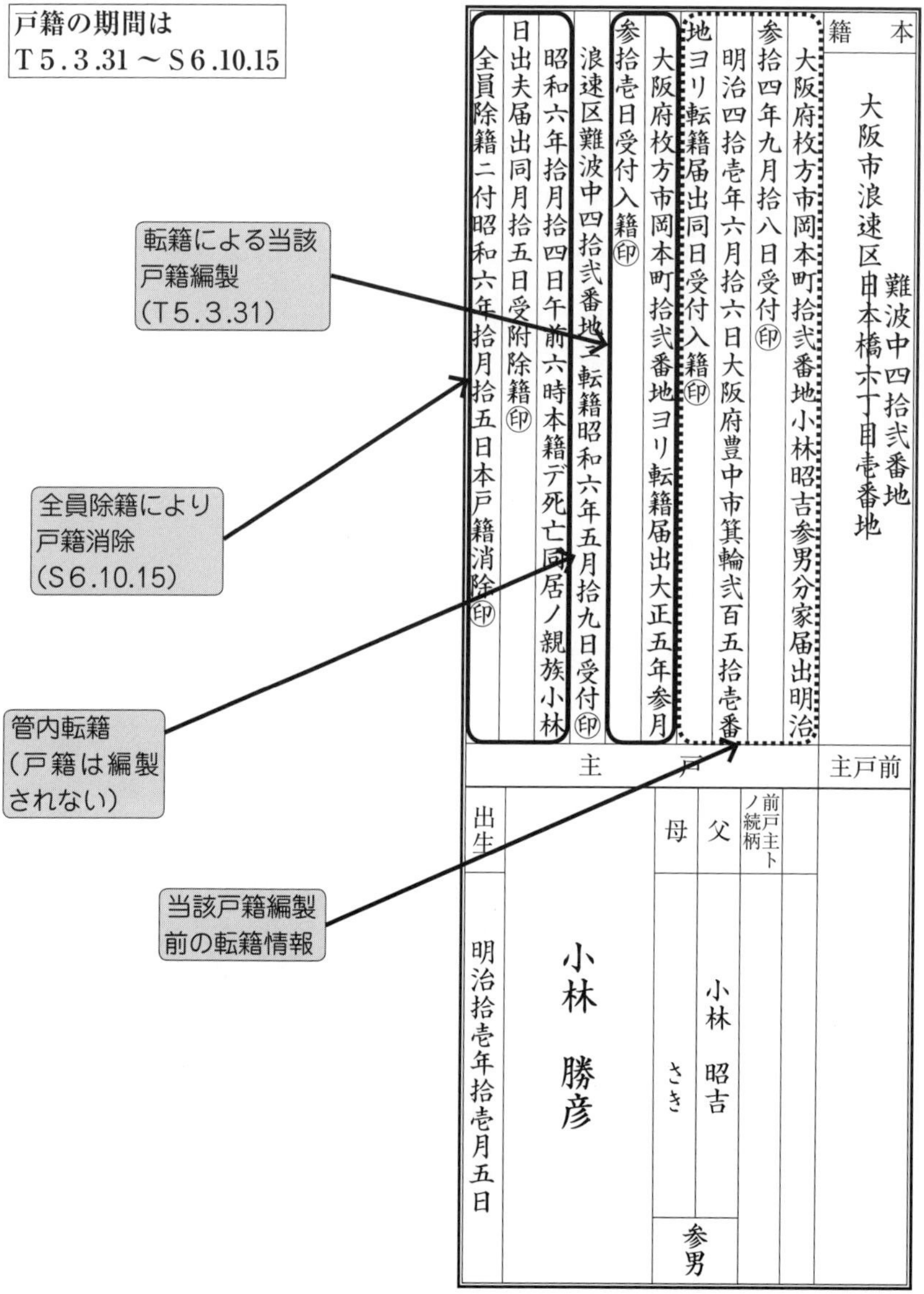

図1－4　現行戸籍における認知があった場合の表示

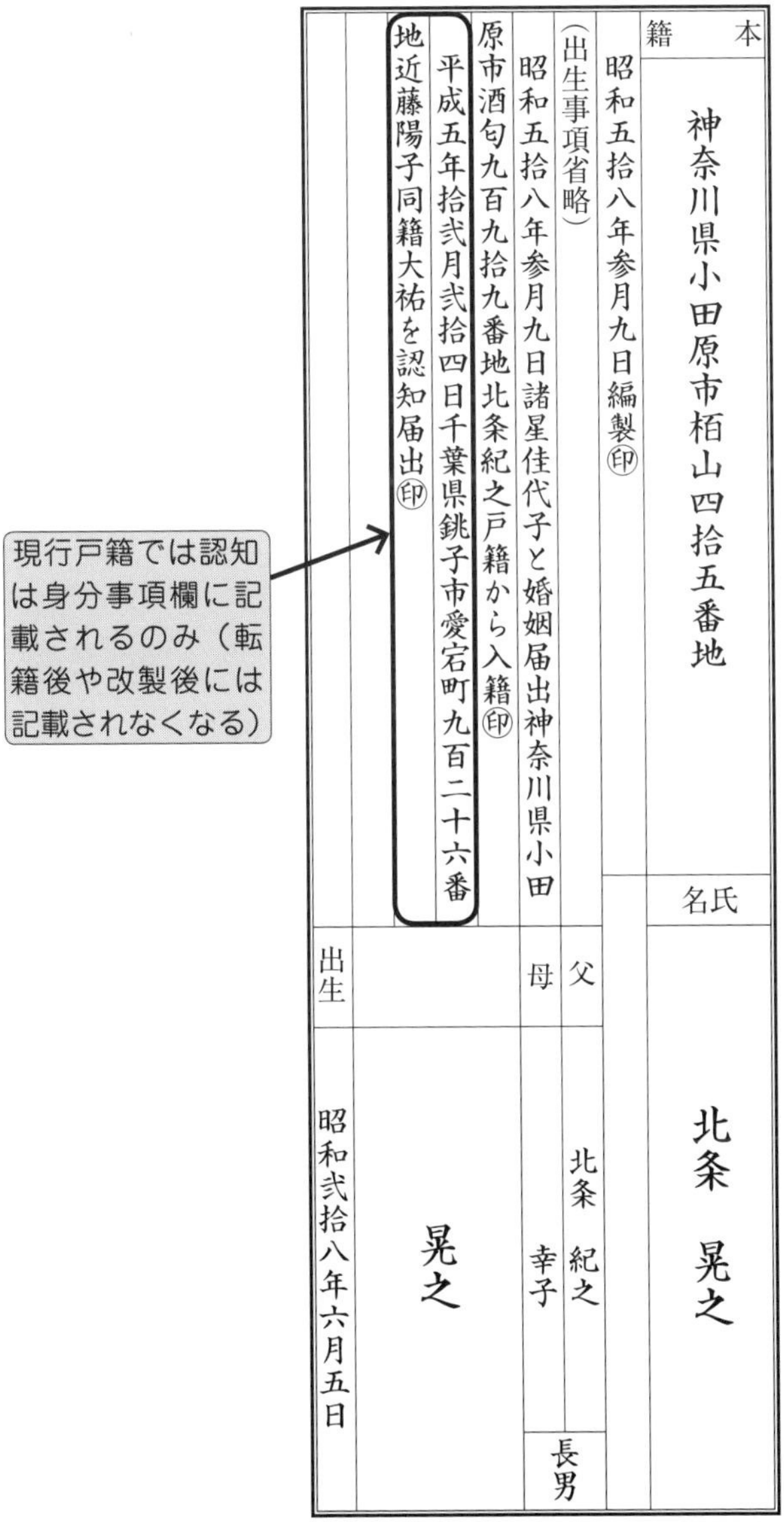
本籍　神奈川県小田原市栢山四拾五番地

氏名　北条　晃之

昭和五拾八年参月九日編製㊞

（出生事項省略）

昭和五拾八年参月九日諸星佳代子と婚姻届出神奈川県小田原市酒匂九百九拾九番地北条紀之戸籍から入籍㊞

平成五年拾弐月弐拾四日千葉県銚子市愛宕町九百二十六番地近藤陽子同籍大祐を認知届出㊞

父　北条　紀之

母　幸子

長男

出生　昭和弐拾八年六月五日

晃之

《コラム》戸籍の滅失と混乱

松本清張の『砂の器』をご存じですか。ここに出てくる犯人は、大阪大空襲で戸籍が焼失したのに乗じて偽名の戸籍を届け出て他人になりすましていました。どうせフィクションだろうと思う方も多いのですが、実際にこのような届出をすることは可能だったようです。終戦直後には戸籍の売買も行われていたという報告もあります。

このように、終戦直後は戸籍制度自体が混乱していました。ましてや家制度から夫婦と子どもを一単位とする制度に変更がされたことから、現行戸籍への改製作業の開始に10年間の猶予が必要となったのです。

現在では戸籍は大部分がコンピュータ化されていますが、これで滅失の危険がなくなったとは言い切れません。東日本大震災で津波に襲われた役場では、コンピュータの戸籍データが失われ、一時戸籍の発行をすることができなくなっていました。

前述した戸籍偽造事件も、今後はコンピュータウイルスを利用して滅失、あるいはハッカーによる戸籍の偽造や滅失が行われることも、あり得るかもしれません。なおアニメの世界ですが、『機動警察パトレイバー（劇場版）』の犯人が自らコンピュータにハッキングをして自らの戸籍を抹消したという話が出てきます。

現実にそういうことが起きないよう、市区町村では情報管理を徹底していただきたいものです。

第2章

まずは押さえておきたい相続人の基礎知識

1 法定相続人と法定相続分

この章では、法定相続人と法定相続割合について解説していきます。つまり、相続が発生した場合に、「誰が」「どれだけ」遺産をもらう権利があるかということです。

相続が発生した場合、被相続人の妻や夫である「配偶者」は、いついかなる時も相続人として財産をもらう権利があります。ただし、離婚した配偶者は相続人にはなりません。配偶者以外の親族についてはケースごとに相続人になる人とその割合が変わってきます。具体的には「子」が相続人になる〝第一順位〟、「直系尊属」が相続人になる〝第二順位〟、「兄弟姉妹」が相続人になる〝第三順位〟に分かれます。以下、順次解説していきます。

❶ 第一順位

被相続人に「子」がいれば、その子は相続人として財産をもらう権利があります。

この場合の法定相続割合は配偶者と子がそれぞれ2分の1ずつであり、子が複数いる場合には2分の1をさらに子の数で按分します。ここでの「子」とは以下の人たちが該当します。

(イ) 嫡出子
(ロ) 非嫡出子
(ハ) 養子
(ニ) 胎児

図2－1　親族図の体系

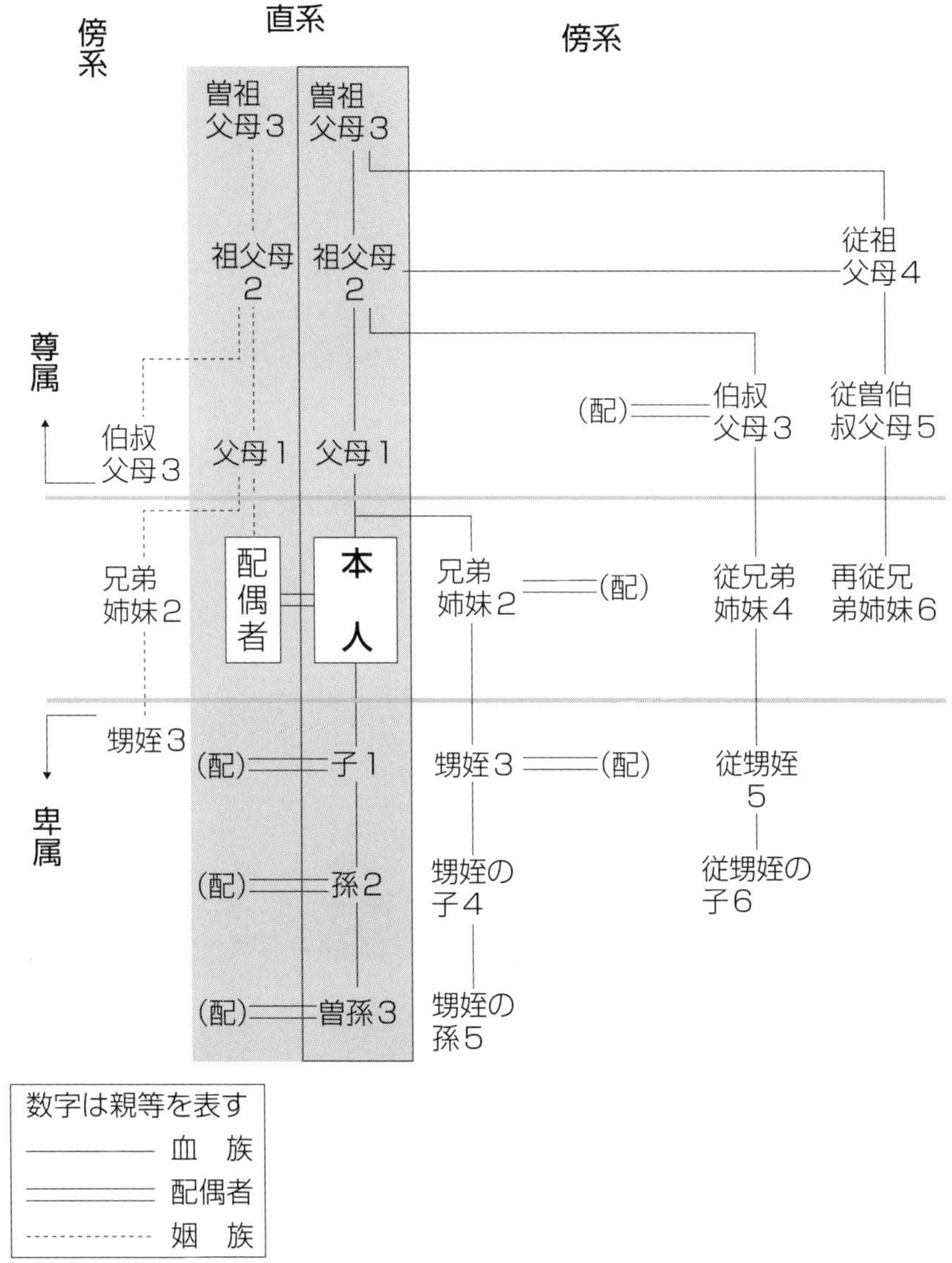

（出所）辻　敢・齊藤幸司『税務数表』（ぎょうせい）〈一部加筆〉

図2－2　嫡出子が相続人の場合

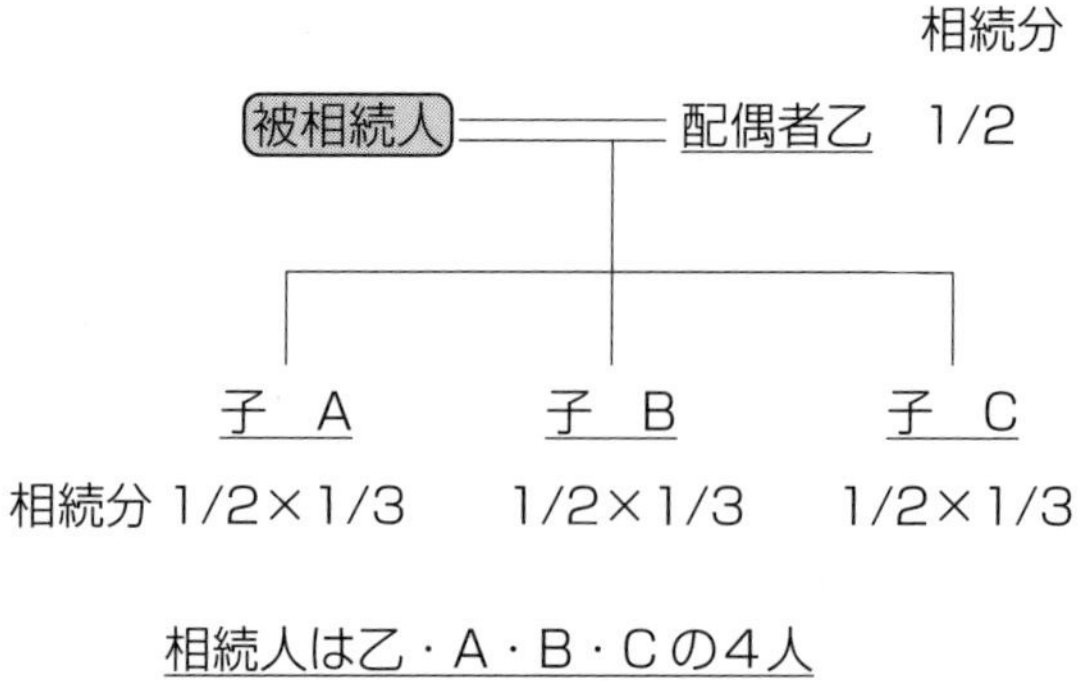

(イ)　**嫡出子**

法律上の婚姻関係のもとで生まれた子どものことを言います。

(ロ)　**非嫡出子**

法律上の婚姻関係がない男女の間に生まれた子どものことを言います。被相続人が男性（父親）の場合、非嫡出子は父親から認知を受けることで相続人となります（認知については第4章一六七頁参照）。

被相続人が女性（母親）の場合、子どもを出産したという既成事実があるため、原則、認知の必要はなく無条件で相続人になります。

従来、非嫡出子の法定相続割合は嫡出子の2分の1と法律で定められていましたが、平成25年9月4日の最高裁決定により現在は嫡出子と非嫡出子の相続割合は同等になっています。

(ハ)　**養子**

養子とは実際の血縁関係とは関係なく、養子縁組によって人為的に法律上の親子としてのつながりが認められた子のことを言います。養子は養子縁組の日から養親の嫡出子としての身分を有します。

養子には「普通養子」と「特別養子」の2つがあります。普通養子は実親との法律上の親子関係を維持したまま、養親とも親子関係を結びます。したがって、普通養子は実親と養親のどちらにおいても「子」として相続人になります。

図2－3　非嫡出子が相続人の場合

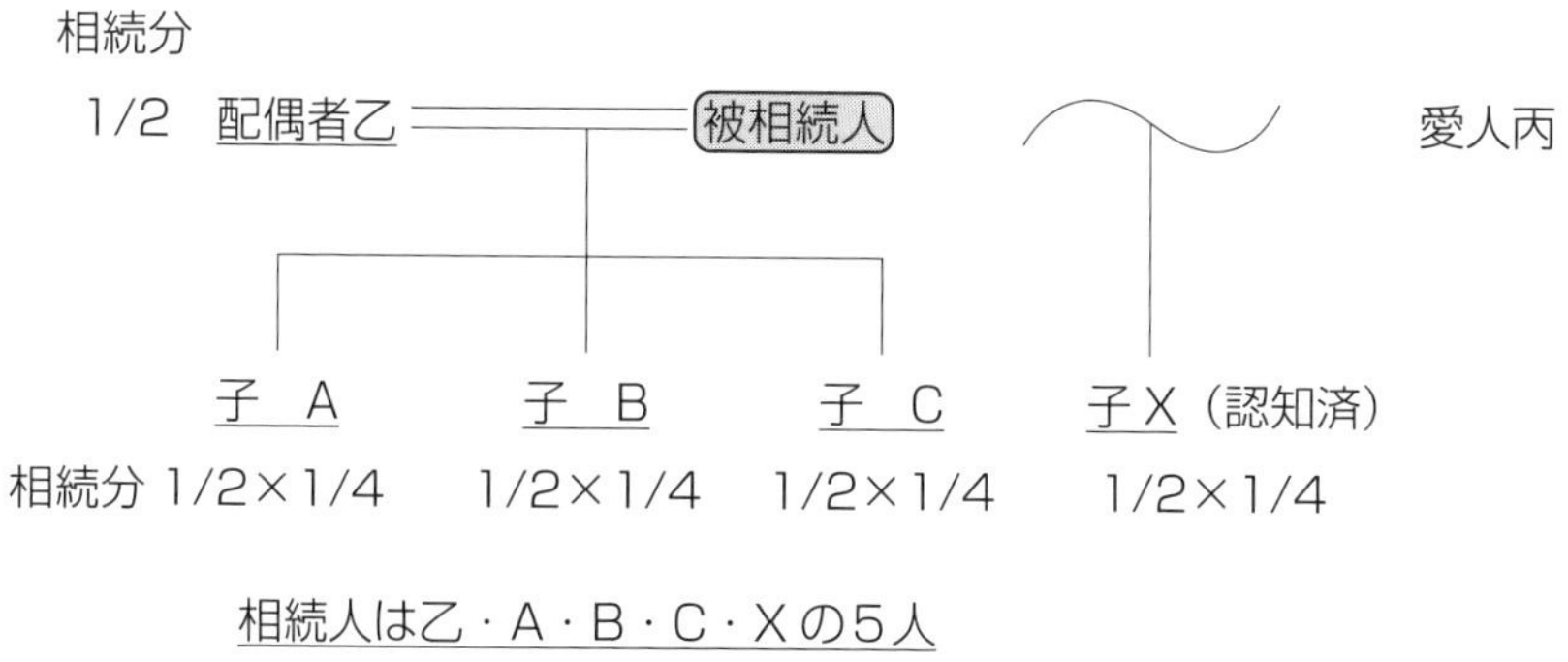

　一方、特別養子は実親との法律上の親子関係を終了させ、養親と親子関係を結びます。そのため、特別養子は養親に対してのみ「子」として相続人になり得ます。特別養子縁組には家庭裁判所の審判が必要であり、養子の年齢制限があることなど、いろいろな要件を満たす必要があります（養子については第4章一四〇頁参照）。

　また、被相続人が子連れの配偶者と結婚又は再婚などした場合、その連れ子は養子縁組を行わなければ被相続人の相続人にはならない点にも注意が必要です（第5章二二四頁参照）。

㈡　胎児

　胎児とは出生前の子、いわゆる「お腹の中の子」を言います。胎児は相続発生時点ではまだ生まれていませんが、相続では既に生まれたものとみなされるため、「子」として相続人になります。ただし、胎児が死体で生まれてしまった場合には相続人とはみなされません。

　胎児については相続発生直後の戸籍にはまだ記載されないので、配偶者などに確認を行うことになります。また、胎児は出生後、当然に未成年であるため、相続手続において通常は特別代理人の手続を取ることになります（第5章二一九頁参照）。

図2－4　普通養子が相続人の場合

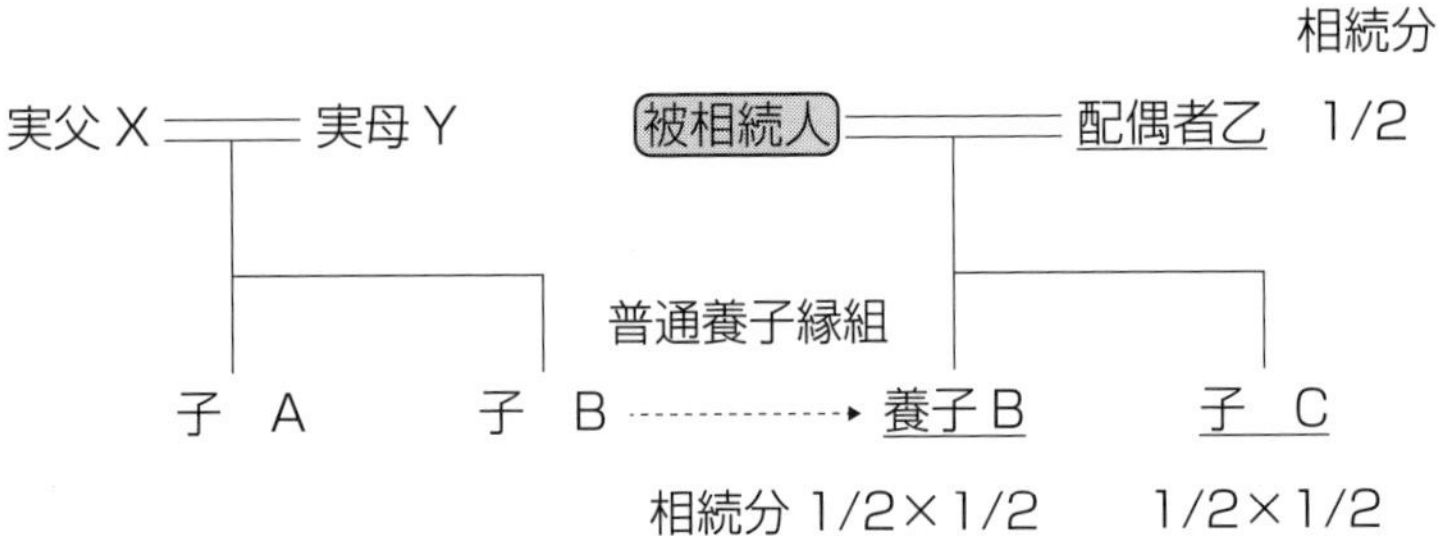

相続人は乙・B・Cの3人
(Bは実父X、実母Yの相続人にも該当)

図2－5　特別養子が相続人の場合

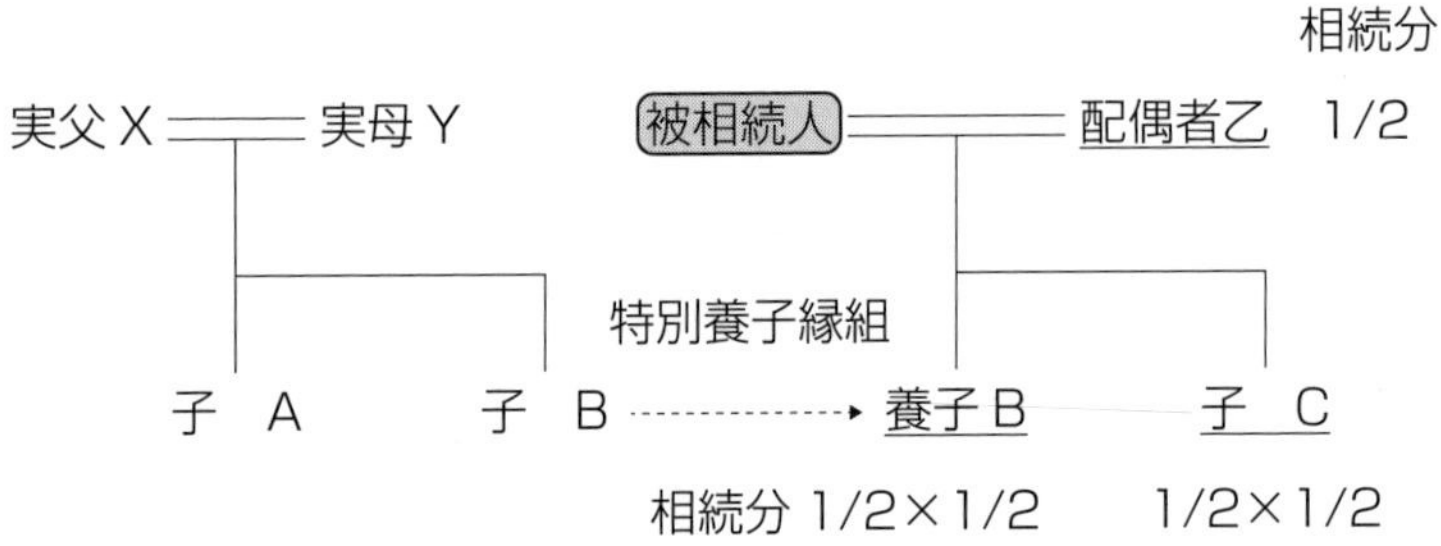

相続人は乙・B・Cの3人
(Bは実父X、実母Yの相続人には該当しない)

図2－6　胎児が相続人の場合

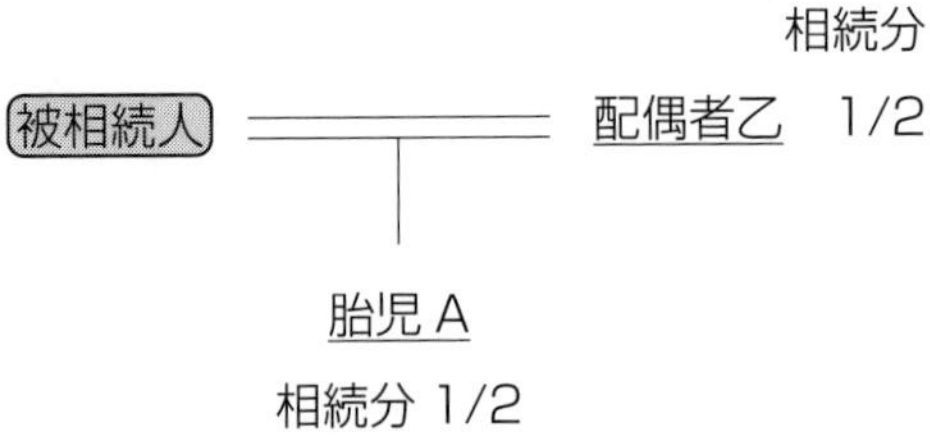

相続人は乙・胎児Aの2人

図2－7　子の代襲相続が発生している場合

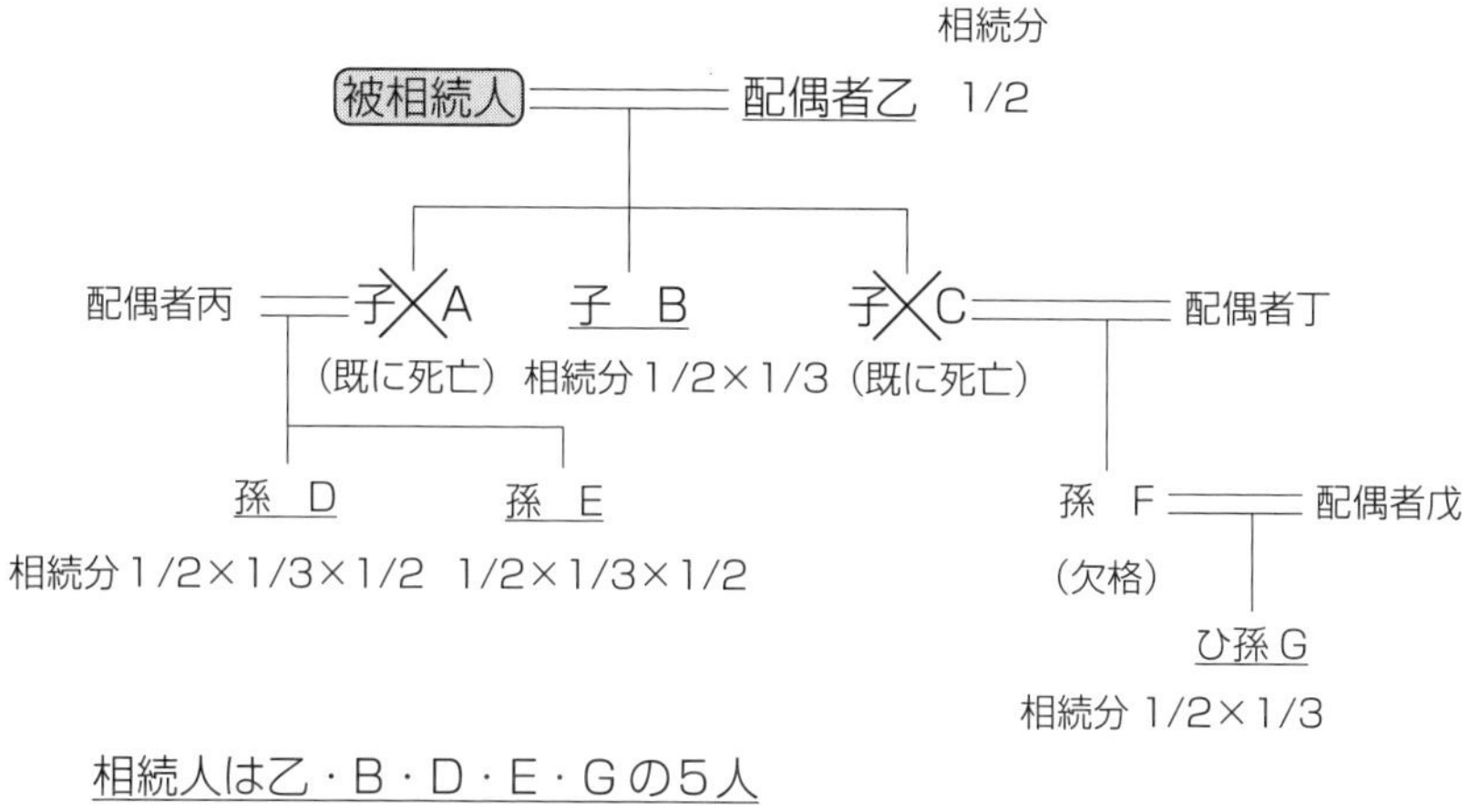

《子の代襲相続》

相続人である子が既に死亡しているなどの一定事由に該当して、相続人になれない場合にはその子の子（被相続人から見れば孫）が代わりに相続人となります。これを「代襲相続」と言い、代襲相続により相続人となった者は「代襲相続人」と呼ばれます。代襲相続人も既に死亡などしている場合にはさらにその子（被相続人から見ればひ孫）が再代襲により代襲相続人になります。

代襲相続が発生する一定事由は「死亡」「欠格」「廃除」の3つです。「欠格」とは、相続において民法に規定する不正な事由（遺言書の偽造など）を行い、相続権を失うことであり、「廃除」とは、相続人が被相続人に対して虐待・侮辱などを行った場合に、被相続人が自ら、あるいは遺言により家庭裁判所に請求してその相続人の相続権を剥奪することを言います。

代襲相続人の相続割合は本来の相続人の割合を引き継ぎ、代襲相続人が複数いる場合には子の相続分の規定に従って配分します。

図2－8　直系尊属が相続人の場合

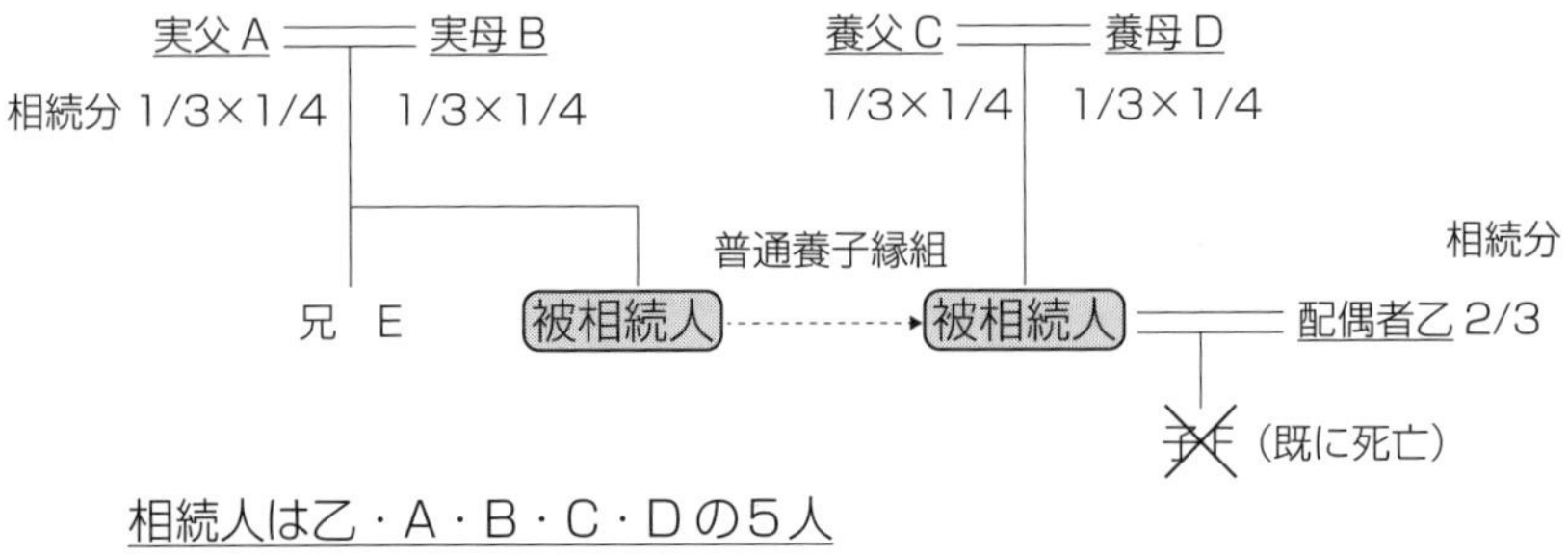

子が既に死亡していても孫がいればその孫が相続人になること、及び相続人が欠格や廃除により相続権を失っても、孫にまではその影響は及ばない、ということは押さえておいた方がいいでしょう。

また間違えやすい点として、養子縁組を行った場合において、養子となった人に養子縁組前に既に子がいた場合、養子の効力は縁組前にはさかのぼらないため、養子縁組前の養子の子は被相続人とは血縁関係が繋がらず、代襲相続人にはならないことにも注意が必要です（第5章二二五頁参照）。

❷ 第二順位

被相続人に子又はその代襲相続人がいない場合には、被相続人の「直系尊属」（父母・祖父母）が相続人となり、財産をもらう権利があります。親等の異なる直系尊属がいる場合には親等の近い者が相続人になります。例えば、被相続人の父母・祖父母が両方存命の場合、親等の近い父母が相続人になり、父母が死亡していて祖父母が存命の場合には祖父母が相続人になります。この場合の法定相続割合は配偶者が3分の2、直系尊属が3分の1です。存命中の直系尊属が複数いる場合には、3分の1をさらに相続人となる直系尊属の数で按分します。

また、第二順位では実親・養親ともに直系尊属として相続権を有します。したがって、被相続人が普通養子縁組を行った養子である場合には、存命中の実父母・養父母ともに相続人になります。なお、特別養子縁組を行った場合には実親は相続人になりません（19頁参照）。

❸ 第三順位

被相続人に子又はその代襲相続人がおらず、かつ相続人となる直系尊属もいない場合には、被相続人の兄弟姉妹が相続人となり、財産をもらう権利があります。この場合の法定相続割合は配偶者が4分の3、兄弟姉妹が4分の1です。兄弟姉妹が複数いる場合には4分の1をさらにその兄弟姉妹たちで分け合います。

また兄弟姉妹には「全血兄弟姉妹」と「半血兄弟姉妹」という考え方があります。「全血兄弟姉妹」とは父母の双方を同じくする兄弟姉妹であり、「半血兄弟姉妹」とは父母の一方のみを同じくする兄弟姉妹（例：父親の先妻の子ども）のことを言います。半血兄弟姉妹の相続割合は全血兄弟姉妹の2分の1と定められています。

《兄弟姉妹の代襲相続》

相続人である兄弟姉妹が一定事由に該当し相続人になれない場合には、その兄弟姉妹の子（被相続人から見れば甥・姪）が代襲相続により代襲相続人となります。

代襲相続の考え方については子の代襲相続の場合とほぼ同じです。ただし、子の代襲相続は無制限で再代襲されるのに対し、兄弟姉妹には再代襲がありません。仮に代襲相続人である甥・姪が死亡していた場合、

図2－9　全血兄弟姉妹が相続人の場合

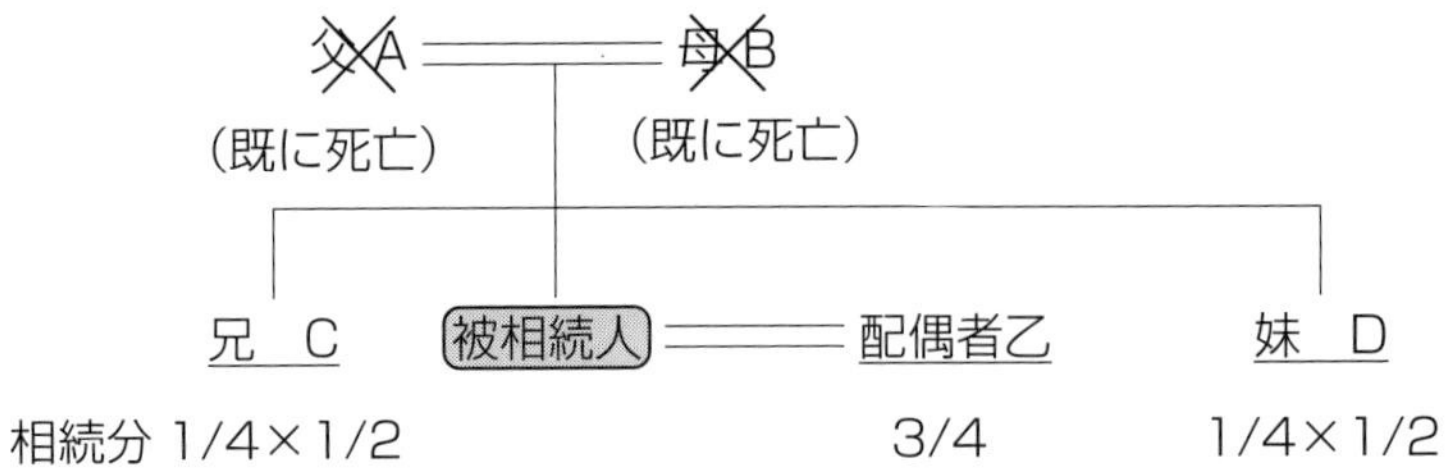

相続人は乙・C・Dの3人

図2－10　半血兄弟姉妹が相続人となっている場合

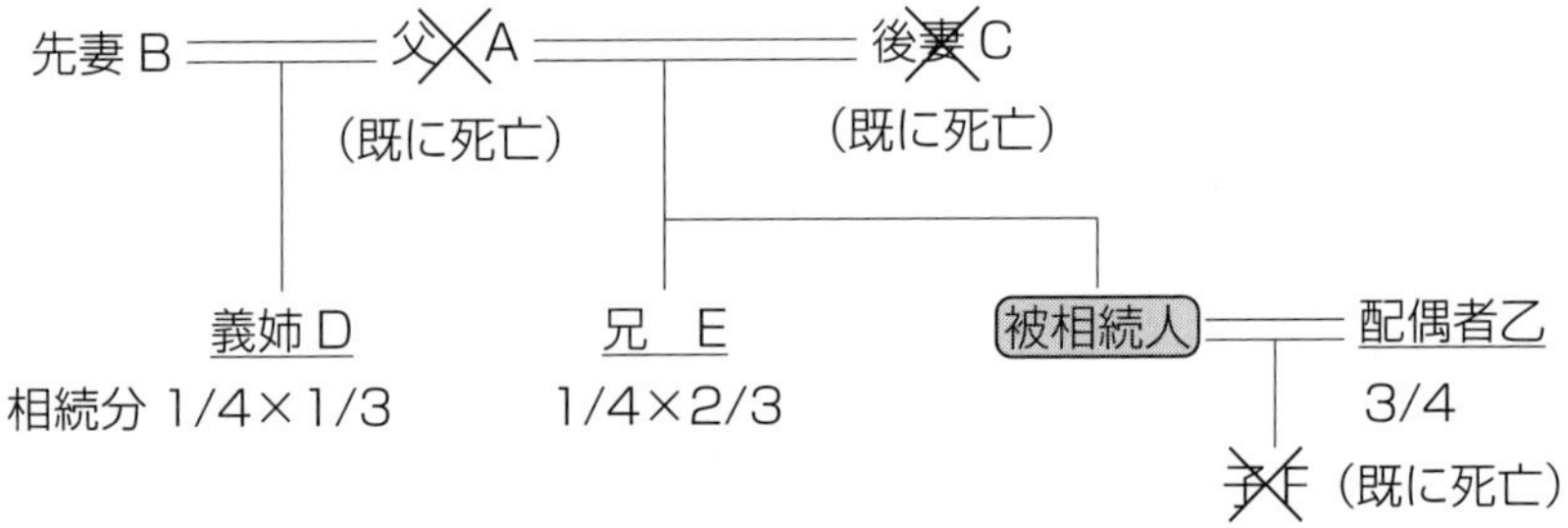

相続人は乙・D・Eの3人（半血兄弟姉妹 D の相続割合は E の半分）

図2－11　兄弟姉妹の代襲相続が発生している場合

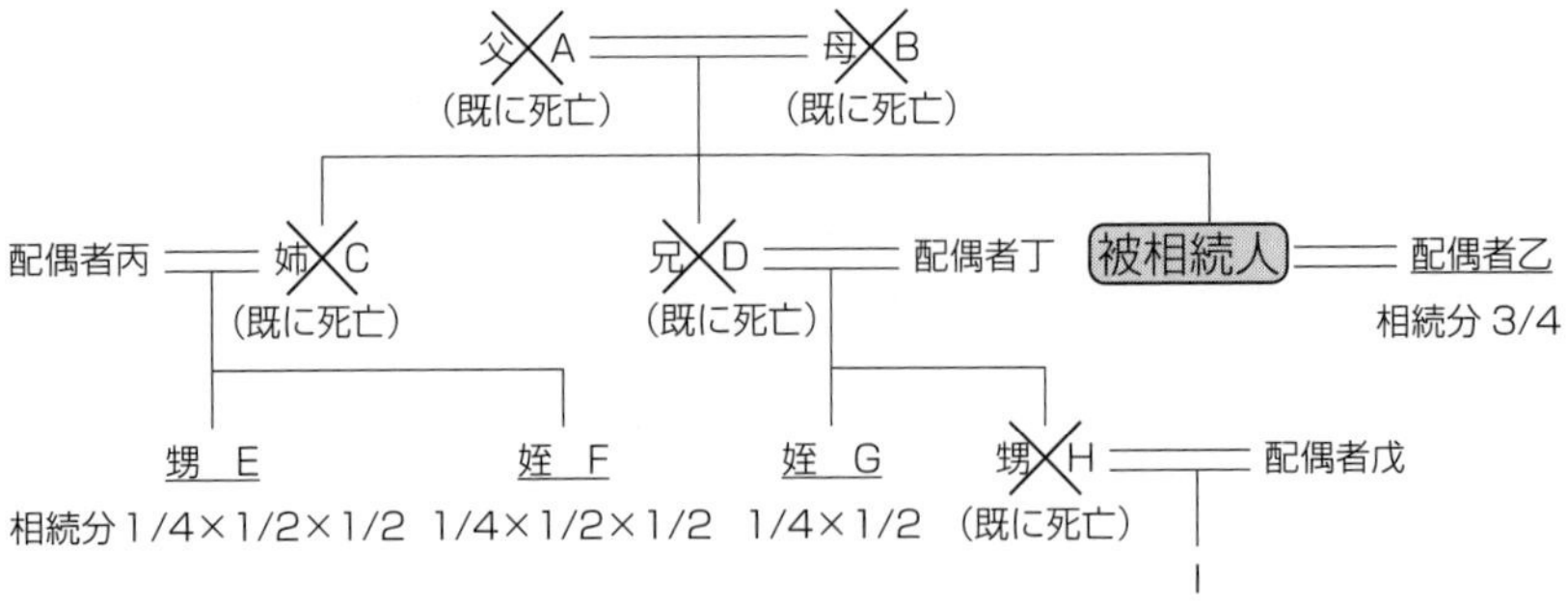

相続人は乙・E・F・Gの4人（I は再代襲がないため相続人ではない）

その甥・姪の子は代襲相続人にはなりません。また、遺留分を持たない兄弟姉妹に対しては被相続人は廃除の申立てを行うことはできません。兄弟姉妹に財産を渡したくない場合には、別途遺言書で相続分を指定することになります（遺留分については36頁参照）。

《コラム》第三順位における祖父母の確認

相続人に第一順位である子、及び第二順位である直系尊属のいずれもいない場合には第三順位である兄弟姉妹が相続人になります。子や直系尊属が既にいないことの確認は戸籍を通して行うのですが、このとき被相続人の祖父母も直系尊属に該当するため、兄弟姉妹が相続人の場合は祖父母、さらには曽祖父母が既に死亡していることも戸籍で確認する必要があります。

祖父母の死亡まで確認するためには、かなり戸籍をさかのぼらなければなりません。特に母方の祖父母の戸籍については他の市区町村から別途取り寄せしなければいけない可能性も高くなります。

実務的には、戸籍や除籍が存在しない場合には市区町村長からその旨の証明書を発行してもらい代用するケースがあります。また、祖父母の年齢が物理的に最高齢を超えている場合には死亡しているものとして手続に応じる場合もあります。取扱いは機関によって異なるので、個別に確認するのがよいでしょう。

一般的に、法定相続人が第三順位にまで及ぶと、被相続人と同程度の年齢と想定される兄弟姉妹にも代襲相続が発生している確率が高くなります。そのため、第三順位において相続人を確定させるためには、被相続人本人の戸籍だけでなく、第一・第二順位の相続人がいないことを証明する戸籍や、(全血・半血) 兄弟姉妹の戸籍、さらには甥・姪の戸籍まで揃えなければいけない可能性が高く、戸籍の収集作業は膨大なものとなります (第3章一三〇頁参照)。

❹ 相続放棄がある場合

相続人が被相続人の遺産の相続を辞退したい場合は、家庭裁判所に「相続放棄」の申述をすることができます。相続放棄の申述は原則、相続開始を知った日から3か月以内に行わなければならず、3か月以内に限定承認又は相続放棄をしなかった場合には相続人は被相続人の権利義務を承継 (単純承認) したとみなされます。

相続を放棄する理由としては、被相続人の財産よりも債務の方が多いような場合や遺産を特定の人に相続させたい場合など、さまざまなケースが考えられます。相続放棄をした者は、その相続に関しては、初めから相続人ではなかった者とみなされます。この場合、初めから相続人でなくなるので、死亡や欠格・廃除の場合と異なりその放棄した者の子が代襲相続人となることもありません。

注意すべき点としては、相続放棄の場合は代襲相続もないため、放棄により相続順位が変わる可能性が高くなります (むしろそれを目的として相続放棄するケースも考えられます)。例えば、被相続人に子が1人おり、その子が相続の放棄をした場合、相続順位は第二順位である直系尊属に移ります。第二順位の相続人

図2－12　相続放棄により相続順位が変わる場合

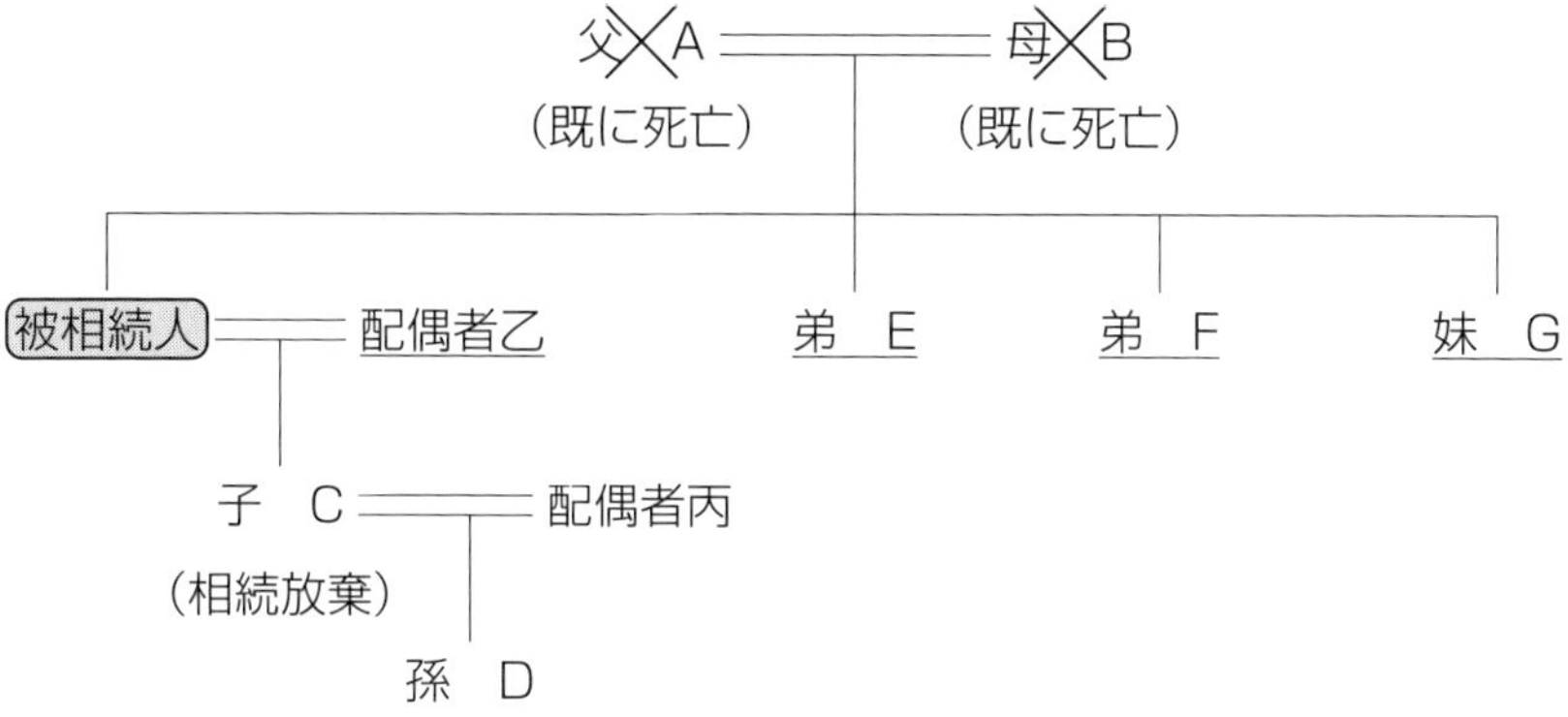

Cの相続放棄により相続人は乙・E・F・Gの4人

図2－13　数次相続が発生している場合の手続当事者

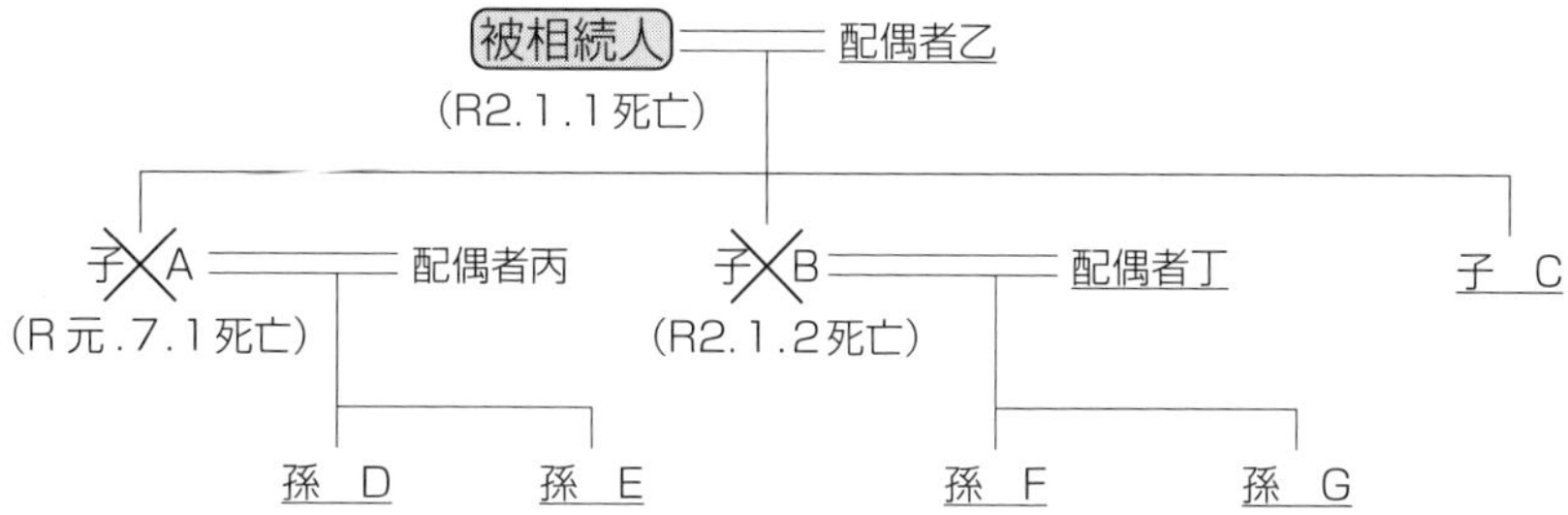

被相続人の相続手続における当事者は乙・C・D・E・丁・F・Gの7人（D・Eは代襲相続人として、丁・F・Gは亡Bの相続人として遺産分割協議に参加）

もいない場合は第三順位の兄弟姉妹が相続人になります。つまり、放棄の有無により、確定すべき相続人や集める戸籍の範囲が大きく変わることになります。相続の放棄は戸籍謄本には現れないので、相続人に確認しておく必要があります。

なお、相続税申告における相続税額の計算においては相続放棄の有無にかかわらず、相続税の総額は基本的には変わりません。これは相続放棄を使って相続税の過度な節税を行おうとすることを防止するためです。

❺ 数次相続が生じている場合

相続人となる者については これまで述べてきたとおりです。基本的には被相続人の相続人以外の者が遺産分割協議や相続手続に加わることはありません。ただし、相続手続中に相続人が死亡した場合には、その死亡した相続人の相続人が、被相続人の遺産分割協議に加わることになります。これを数次相続と呼びます（第5章二二六頁参照）。

代襲相続と数次相続はよく似ていますが、異なる点として、代襲相続は相続人が被相続人の相続開始前に死亡している場合であるのに対し、数次相続は被相続人の相続開始後に相続人が死亡した場合です。また、代襲相続であれば分割協議に加わるのは原則として相続人の子だけですが、数次相続であれば相続人の相続人全員が該当することになります。例えば相続人の妻（被相続人から見れば義理の娘）までが相続人の相続人として遺産分割協議に加わることになります（図2－13参照）。

数次相続のように分割協議に加わる人が増えてしまうと、遺産分割自体が揉めてしまうケースが多くなってしまうのですが、相続手続に携わる現場としては、手続に際して同意を得る人の範囲を間違えてしまわないような注意が必要です。

《コラム》同時死亡の場合

相続がいつ発生するのかということは誰にも分かりません。突然、不慮の事故によって亡くなってしまうということも実際に起きています。事故や災害に遭い複数の者が死亡した場合において、そのうちの一人が他の者の死亡後になお生存していたことが明らかでないときは、これらの者は、同時に死亡したものと推定されます。これを「同時死亡の推定」などと言います。

被相続人と相続人が同時死亡となった場合には両者の間には相続は発生しません。そのため、同時死亡が適用されるかどうかで相続人が大きく変わってくることがあります。例えば子どもがおらず両親も既に亡くなっている夫婦がともに交通事故に遭い死亡したとします。この時、同時死亡であれば夫婦間で相続が発生しないため、夫の財産は全て夫の兄弟姉妹が相続します。一方で、夫が先に死亡し、その後に妻が病院に搬送されて死亡したのであれば、同時死亡ではないため夫から妻への相続が発生します。この場合は夫の財産の４分の１を兄弟姉妹が相続し、残り４分の３を妻が相続することになるため、この４分の３は最終的に妻の兄弟姉妹が相続することになります。

あまり遭遇したくないケースではありますが、このような場合、手続に携わる者としては慎重な対応が求められます。

2　遺言書がある場合

❶ 遺言書の役割

前節では相続人と法定相続分について説明しました。これまで述べてきたとおり、相続が発生した場合には、通常は被相続人の遺産に係る権利・義務は相続人全員に帰することになるため、相続発生後は相続人全員で遺産分割協議を行い、全員の同意の下で相続手続を行うことになります。そのため、相続人の数が多いとそれだけ分割協議や相続手続も煩雑になってしまうのですが、この時に「遺言書」があれば遺産分割協議を行うことなく、相続手続をかなり簡略化することが可能になります。

「遺言」とは、被相続人である遺言者の死亡後にその意思を実現するための制度であり、その遺言者の意思が書かれた書面を「遺言書」と言います。

遺言書の効力は相続人間で行う遺産分割協議よりも優先されます。したがって、遺言書に「○○銀行××支店の定期預金－口座番号△△については配偶者である乙に相続させる」ということが書かれていれば、その預金口座についてはもはや他の相続人と協議することなく、配偶者である乙が相続できることになります。この場合、法律上ではこの預金の名義変更や解約手続は乙単独で行えます。一方で、この時に相続人全員の同意があれば、遺言書によらず相続人間で遺産分割協議を行うことも可能です。

図2－14　自筆証書遺言のサンプル

遺言書本文（全て自書しなければならない）

遺　言　書

遺言者教育太郎は、この遺言書により、次の通り遺言する。

１・妻、教育花子に別紙目録第２記載の預貯金を相続させる

２・長男、教育一郎に別紙目録第１記載の不動産を相続させる

令和××年□月■日
東京都千代田区九段南４丁目７番１３号
遺言者　教育太郎　　　印

別紙目録（署名部分以外は自書でなくてもよい）

財産目録

第１　不動産
（１）土地
所在　東京都千代田区○○１丁目
地番　■番××
地目　宅地
地積　295.51㎡

（２）建物
所在　東京都千代田区○○１丁目
家屋番号　■番××の×
種類　居宅
構造　木造スレート葺１階建
床面積　106.56 平方メートル

第２　預貯金
ビジネス銀行 市ヶ谷支店　普通預金　口座番号○○○○○○○

教育太郎　　　印

❷ 遺言執行者

遺言書には「遺言執行者」が指定されているケースがあります。遺言執行者とは遺言者に代わって遺言の内容を実現させる役割を担う人です。遺言執行者は相続財産の管理その他遺言の執行に必要な一切の行為をする権利義務を有しているので、執行者の指定がある場合には、相続財産の処分等はこの遺言執行者が行うことになります。

もっとも、遺言書の作成において、遺言執行者を指定することは常に必要というわけではありません。相続人全員で協力できるならばあえて遺言執行者を選ぶ必要はなく、例えば特定の遺産を特定の相続人に相続させる場合や、遺贈を行う場合などは、「相続人全員で協力して遺言執行できる場合」に該当するとされています。

❸ 遺言の種類

遺言書の方式には、通常は「自筆証書遺言」、「公正証書遺言」、「秘密証書遺言」の3種類があります。自筆証書遺言とはその名のとおり、自筆で遺言書を作成する方法です。公正証書遺言とは公証人役場に出向いて公証人に遺言書を作成してもらう方法です。遺言者が入院している場合などは公証人に出張してもらうこともできます。秘密証書遺言は自ら作成した遺言書を封印し、遺言書の中身を秘密にしたまま公証人に提出する方法です。それぞれの遺言書の特徴は表2－1に示すとおりです。秘密証書遺言は実務上お目にかかることはほとんどありません。

自筆証書遺言の長所は「お手軽さ」です。紙と筆記具と印鑑さえあればいつでも書くことが可能であり、

表2－1　自筆・公正・秘密証書遺言の特徴とメリット・留意点

種　類	自筆証書遺言	自筆証書遺言（遺言書保管制度を利用）	公正証書遺言	秘密証書遺言
作成方法	遺言者本人が日付・氏名を自書し、押印する ※財産目録はパソコンでの作成や通帳コピーの添付等でも可能	遺言者本人が本文・日付・氏名を自書し、押印する ※財産目録はパソコンでの作成や通帳コピーの添付等でも可能	遺言者本人が証人２人の立会いの下で作成する	遺言者本人が遺言書作成後、封筒に入れ、公証役場で手続する
筆　者	本人（本文は手書き）	本人（本文は手書き）	公証人	本人（本文ワープロ可、ただし自署押印）
証　人	不要	不要	２人	２人
検　認	必要	不要	不要	必要
メリット	• 内容を秘密にできる • 作成が容易 • コストがかからない	• 紛失・破棄等保管上の危険がない • 遺言書の外形的な確認をしてもらえる • 検認が不要	• 紛失・破棄等保管上の危険がない • 要件不備で無効な遺言となるリスクがほとんどない • 検認が不要	• 内容を秘密にできる • 遺言書の存在を明らかにできる
留意点	• 紛失・破棄等保管上危険がある • 要件不備による紛争が起こりやすい • 検認が必要	• 若干のコストがかかる • 内容の有効性までは担保されない • 運用開始は令和２年７月10日から	• コストがかかる • 変更や書き直しに手間がかかる	• 紛失の危険がある • 要件不備による紛争が起こりやすい • 検認が必要

コストもかかりません。一方、手軽である反面、遺言書の要件を満たさず、遺言そのものが無効になってしまう可能性もあります。また、自筆証書遺言は相続発生後に家庭裁判所で遺言書としての形式が整っているかどうかを確認する「検認」手続を行う必要があります。

自筆証書遺言については後述する平成30年7月の相続法の改正等により、「自筆証書遺言の方式緩和」及び「自筆証書遺言の保管制度の創設」が明文化されました。

「自筆証書遺言の方式緩和」については、これまで自筆証書遺言を作成する場合には、その全文を自書して押印する必要がありました。このたびの改正により、財産目録についてはパソコンでの作成や通帳コピーの添付、登記簿謄本の写しの添付など、自書によらない作成も認められるようになりました。これにより、全文を自書で作成する必要がなくなり、作成にかかる負担が軽減されます。ただし、財産目録の各頁には作成者が署名押印する必要があります。また、押印については、実印でもその他の印鑑でも法的効力に違いはありませんが、後日、その内容について争われた場合には、実印が使用されている場合の方が本人の真意に基づくものであったと認められやすいので、実印を用いる方が安全です。この制度は、平成31年1月13日より既に施行されています。

「自筆証書遺言の保管制度の創設」については、自筆証書遺言は現状では自ら保管しておかねばならず、そのため遺言書が紛失してしまったり、相続人によって遺言書が破棄・改ざんされてしまうなど、相続をめぐる紛争の一因になってしまうことがありました。このたびの改正により、自筆証書遺言の作成者は、所轄の法務局（遺言保管所）に遺言書の保管を申請することができるようになります。これにより遺言書は公的な遺言書保管所で保管されることになり、遺言書の紛失・破棄・改ざん等のリスクは回避できます。また、こ

表2－2　自筆証書遺言書保管制度の手数料一覧

申請・請求の種別	申請・請求者	手数料
遺言書の保管の申請	遺言者	1件につき、3,900円
遺言書の閲覧の請求（モニター）	遺言者 関係相続人等	1回につき、1,400円
遺言書の閲覧の請求（原本）	遺言者 関係相続人等	1回につき、1,700円
遺言書情報証明書の交付請求	関係相続人等	1通につき、1,400円
遺言書保管事実証明書の交付請求	関係相続人等	1通につき、800円
申請書等・撤回書等の閲覧の請求	遺言者 関係相続人等	一の申請に関する申請書等又は一の撤回に関する撤回書等につき、1,700円

※　遺言書の撤回及び変更の届出については手数料はかかりません。
（出所）法務省ホームページ

の制度を利用した場合は家庭裁判所による遺言書の検認が不要になるので、相続発生後のスムーズな手続も期待できます。留意点としては遺言書の保管の申請や閲覧請求には若干の手数料がかかる（表2－2参照）点、法務局では遺言書の外形的な確認は行いますが、その内容の有効性までは担保されない点などが挙げられます。なお、この制度は令和2年7月10日からの施行となります。それ以前に作成された遺言書についてはこの制度は利用できません。

公正証書遺言の長所は「確実さ」です。公証人役場で証人2人の立会いの下で公証人が遺言書を作成しますので、後日無効となるリスクがほとんどなく、相続発生後に検認を受ける必要もありません。公証人役場に遺言書が1通保管されるので紛失する危険性もありません。一方、短所としては費用がかかるという点、作成や書き直しに手間がかかる点などが挙げられます。

上記のほか、遺言には特別の方式として「死亡の

表２－３　相続順位別にみた遺留分の割合

相続順位	法定相続人	法定相続割合		遺留分	
		配偶者あり	配偶者なし	配偶者あり	配偶者なし
第一順位	配偶者	1／2	－	1／4	－
	子	1／2	1	1／4	1／2
第二順位	配偶者	2／3	－	1／3	－
	直系尊属	1／3	1	1／6	1／3
第三順位	配偶者	3／4	－	1／2	－
	兄弟姉妹	1／4	1	なし	なし
配偶者のみ	配偶者	1	－	1／2	－

危急に迫った者の遺言」、「伝染病隔離者の遺言」、「在船者の遺言」、「船舶遭難者の遺言」が定められていますが、通常目にすることはほとんどありません。

❹ 遺留分

先に述べたとおり、遺言書の効力は相続人間で行う遺産分割協議に優先します。遺言書を作成しておくことで相続における大部分の面倒な手続を簡略化することができるのですが、法定相続割合を全く無視した遺言書が常にまかりとおるわけではありません。仮に被相続人が「自分の全財産を内縁の妻である××に遺贈する」という遺言書を作成していた場合、残された正妻や子どものその後の生活が脅かされます。そのため、相続人の最低限の権利を守るため、特定の相続人には遺言者の財産のうち一定割合分を受け取ることができるようになっています。この受け取り可能な一定割合分を「遺留分」と呼びます。

遺留分の割合は表２－３に示すとおり、誰が相続人になるかによって異なります。遺留分は相続人の「権利」なので、この権利を行使するかどうかは相続人次第です。例えば「自分の全財産を長男に相続させる」という遺言書があったとしても、配偶者や他の子どもがそれに納得していれば遺留分の権利行使をする必要はありません。

実務的には、相続後に争いが起こりそうな場合には遺留分を考慮した遺言書を作成することが大切なポイントになります。一方で、兄弟姉妹には遺留分がありませんので、子どものいない夫婦などは「自分の全財産を配偶者である妻（夫）に相続させる」という遺言書を相互に書くケースがよく見受けられます。

なお、遺留分については平成30年7月の法改正により、令和元年7月1日から遺留分を侵害された者は、受遺者や受贈者に対し、遺留分侵害額に相当する金銭の請求を行うことができるようになりました。

以上、遺言書の内容と効力について説明してきましたが、最後に注意点として、遺言書の取扱いは各金融機関などによって異なります。法律的には有効な遺言書であっても、自筆証書遺言・公正証書遺言の違いや遺言執行者の有無、遺言書における財産特定の記載方法などによっては、遺言書がない場合の相続と同様の取扱いを行う機関もあり得ます。具体的な手続方法については個別に確認してみることをお勧めします。

また、遺言書があったとしても、相続人の確認まで省略できるというわけではありませんので、相続人を特定させるための戸籍の見方については、しっかりと理解しておく必要があります。

3　相続法の改正等

平成30年7月13日、「民法及び家事事件手続法の一部を改正する法律（平成30年法律第72号）」その他の法律が公布され、民法で定められた相続に関するルールの一部が見直しされることとなりました（以下「相続法の改正等」と呼びます)。これにより、相続手続に携わる現場の実務も大きく変わることになります。ここでは、「預貯金の払戻し制度」を中心に、主な変更事項について触れていきます。

❶ 預貯金の払戻し制度の創設

平成28年12月19日、最高裁判所の決定により、相続された預貯金債権は遺産分割の対象財産に含まれることとなり、相続人による単独での預貯金の払戻しはできないこととされました(一三八頁参照)。金融機関では実務上、これまでも相続人全員の同意がない限り、原則、遺言書がない場合での預貯金の払出しには応じておらず、それが法律上でもできなくなったことになります。ただ一方で、遺産分割が終了するまで被相続人の預貯金の払戻しができないとなると、相続人は生活費や葬儀費用の支払い、相続債務の弁済なども行えなくなり、生活に多大な支障をきたすことにもなります。そのため、このたびの相続法の改正等により、遺産分割における公平を図りつつ、相続人の資金需要に対応できるよう、以下2つの遺産分割前の「預貯金の払戻し制度」が設けられました。これらの制度は令和元年7月1日より施行されています。

(1) 預貯金債権の一定割合(金額による上限あり)について、家庭裁判所の判断を経なくても金融機関の窓口における支払いを受けられるようにする。

(2) 預貯金債権に限り、家庭裁判所の仮分割の要件を緩和する。

(1)は家庭裁判所の判断を経ずに払戻しが受けられる制度であり、(2)は仮払いの必要性があると認められる場合に家庭裁判所の判断で仮払いが認められるようにする制度です。(1)は小口の資金需要に対して、(2)は比較的大口の資金需要に対して用いられることが想定されます。ここでは主に(1)について解説します。

金融機関で(1)の手続を行う場合、被相続人の遺産に属する預貯金債権のうち、相続人が単独で払戻しできる金額の計算は以下のとおりです。

【単独で払戻しすることができる額の計算】

相続開始時の預貯金額×1／3×払戻しを行う相続人の法定相続分

※1つの金融機関から払戻しが受けられるのは一五〇万円まで

以下、相続人が長男・次男の2人であり、次男（法定相続分2分の1）が払戻しを行う場合を例にして、払戻し可能額について見ていきます。

（例1：A銀行に預金六〇〇万円の残高がある場合）
払戻し可能額：六〇〇万円×1／3×1／2＝一〇〇万円

（例2：A銀行に普通預金六〇〇万円、及び定期預金六〇〇万円（※）の残高がある場合）
払戻し可能額：普通預金　六〇〇万円×1／3×1／2＝一〇〇万円
　　　　　　　定期預金　六〇〇万円×1／3×1／2＝一〇〇万円
→計 200 万円＞150 万円 のため、A銀行に対しては一五〇万円の払戻しが可能

※定期預金が満期前であるなど、金融機関が支払いを拒絶できるのであれば、払戻しに応じないことは可能です。

(例3:A銀行に普通預金六〇〇万円、B銀行に普通預金六〇〇万円の残高がある場合)
払戻し可能額:A銀行　六〇〇万円×1/3×1/2=一〇〇万円
　　　　　　　B銀行　六〇〇万円×1/3×1/2=一〇〇万円
→100万円<150万円 のため、A銀行・B銀行それぞれ一〇〇万円ずつ(合わせて二〇〇万円)の払戻しが可能

【必要書類】

全国銀行協会によると、制度利用の際に必要な書類はおおむね以下のとおりとされています。金融機関により必要書類は異なるので、詳細は各金融機関に確認することになりますが、遺産分割前の払戻しである点を考えると、従来の相続時の払戻し以上に厳格な書類や手続が必要になると考えられます。
・本人確認書類
・被相続人の除籍謄本、戸籍謄本または全部事項証明書(出生から死亡まで連続したもの)
・相続人全員の戸籍謄本または全部事項証明書
・預金の払戻しを希望される方の印鑑証明書
(一般社団法人全国銀行協会ホームページより)

【その他の留意点】

この制度は令和元年7月1日より施行されていますが、令和元年6月30日以前に発生した相続であっても、施行日後の払戻しであれば適用できます。この制度により払戻しされた預貯金については、払戻しを受けた相続人が遺産の一部分割により取得したものとみなされ、後の遺産分割において調整が図られることになります。そのため、払戻しを受けた相続人はその後、相続放棄することはできません。

払戻しをする現場目線で考えると、この制度は遺産分割前に特定の相続人に預貯金を払戻しする制度であり、戸籍の確認には従来以上に慎重を期する必要があります。払戻し可能額はその相続人の法定相続分により変わるので法定相続人だけでなく法定相続割合にも気をつけなければなりません。同一の金融機関の払戻しは一五〇万円が上限になるので、被相続人が複数の支店に相続預金があるような場合には支店を跨いだ名寄せ等を行う必要があり、払戻し後の管理も必須です。

また、特定の受遺者や相続人に対して預貯金を相続させる旨の遺言書があった場合、その預貯金については当該制度の対象になりません。そのため、そのような遺言書などがあり、かつ受遺者や遺言執行者などから その通知を受けているにもかかわらず、他の相続人に払戻しを行ってしまうと、後の相続人間のトラブルに巻き込まれる可能性が非常に高くなります。戸籍の確認及びその前後の管理については十分に注意するようにしてください。

この制度については、銀行や証券会社など、各金融機関によって対応が異なっているようです。また、この制度とは別に、小口の払戻しには応じていたりするケースもあるので、やはりまずは個別に金融機関に確認してみることをお勧めします。

❷ 自筆証書遺言の方式緩和、及び法務局における保管制度の創設

法改正により、自筆証書遺言について、財産目録については手書きで作成する必要がなくなりました。加えて、法務大臣の指定する法務局に遺言書の保管を申請することができるようになります。詳しくは34～35頁をご参照ください。

❸ その他の制度改正と施行日

民法の相続に関する規定は、昭和55年に改正されて以来、大きな見直しがされてきませんでした。この間、我が国の平均寿命は延び、社会の高齢化が進展するなど社会経済の大きな変化が生じています。平成30年7月13日の法改正はこのような変化に対応するための見直しになり、上記に述べた制度の他に、主に以下の改正がなされています。また、これらの相続法の改正等の施行は一斉ではなく、平成31年1月13日から段階的に施行されています。

- 自筆証書遺言の方式緩和（平成31年1月13日～）
- 配偶者居住権の創設（令和元年4月1日～）
- 婚姻期間が20年以上の夫婦間における居住用不動産の贈与等に関する優遇措置（令和元年7月1日～）
- 遺留分制度の見直し（令和元年7月1日～）
- 特別の寄与の制度の創設（令和元年7月1日～）
- 預貯金の払戻し制度の創設（令和元年7月1日～）
- 自筆証書遺言の保管制度の創設（令和2年7月10日～）

第3章

戸籍の基本的な仕組みと様式

■ 戸籍とは？

「戸籍」とは、日本国民一人一人の出生から死亡までの身分事項を公の帳簿に記録・管理し、これを証明するものです。

戸籍には、人間の一生のサイクルを追って、登録していく事項があります。

① 出生（出生に関する事項）
② 結婚・離婚（婚姻・離婚に関する事項）
③ 子の誕生（親子関係・養親子関係に関する事項）
④ 死亡（死亡に関する事項）

日本の戸籍は、「一の夫婦及びこれと氏を同じくする未婚の子」をひとつの単位として編製しているところに特徴があります。そのため、出生、婚姻、死亡等の身分事項を個人単位で登録する諸外国の制度とは異なり、戸籍によって、親子、夫婦、兄弟関係といった親族関係や、相続、扶養、親権等の権利義務関係を証明することもできます。

戸籍は、このような私的身分の登録簿としての性質のほかにも、日本国の国籍を有することの公的身分の登録簿的性格も持ち合わせています。「出生届を怠り子に戸籍がない場合でも日本人の子は日本国籍を有する」というような例外を除き、通常は戸籍に記載される者は日本国籍を有していますし、日本国籍を有する者は戸籍に記載されています。

日本国籍のない外国人には戸籍の登録が認められていないため、戸籍には日本国籍取得や日本国籍喪失の届出情報も記載されます。

1 戸籍の種類

❶ 戸籍の管轄と請求

現在の戸籍制度では、国が本籍地を所轄する各市区町村長に対し戸籍事務を委託し、市区町村長が戸籍の事務を管掌しています。

市区町村役場で、各人が身分事項を所定の用紙に記載して届出すると、これを綴って帳簿とし、本籍のある市区町村で戸籍簿として保管されます。

戸籍には正本と副本があります。正本は市区町村役場に備えられ、副本は、自然災害などで戸籍が焼失したときに備え、その市区町村を管轄する法務局又は地方法務局や支局が保存しています。

戸籍は、「一の夫婦と同氏の未婚の子」を単位として編製されます。日本国籍を持たない外国人と婚姻するような場合や、未婚のまま新たに戸籍を編製するような場合には、「その者」と「氏を同じくする未婚の子」が新たな戸籍の編製単位になります。

これらの戸籍の筆頭に記載した者（これを筆頭者といいます）の氏名と本籍で戸籍の表示がなされますが、現行法では戸籍の筆頭者が死亡などで戸籍から除かれた後も、戸籍に記載されている配偶者や子が残っているときは、そのままこの筆頭者の戸籍として保管されます。

さて、もし相続の手続で「戸籍」が必要といわれたら、どこでどのような証明書を集めればよいでしょうか。

戸籍簿があるのは、その人の本籍地ですので、被相続人の「戸籍」が必要になったときは、被相続人の本籍地のある市区町村役場に証明を請求することになります。市区町村役場では、法律で定められた人の請求に対して、戸籍の写しを交付してその記載事項を証明します。

被相続人の配偶者や子どもなどは「法律で定められた人」として戸籍の証明を請求することができます。弁護士や税理士、行政書士などの特定の士業でも業務の遂行上必要がある場合には請求することができます。

なお、令和元年の戸籍法一部改正により、戸籍関係情報を蓄積する新システムが構築されることになり、同システム運用開始後は本籍地の市区町村以外の市区町村窓口でもマイナンバーカードや運転免許証などでの本人確認を経て戸籍謄抄本の請求が可能となります。同システムは、同改正法公布日である令和元年5月31日から5年後の運用開始が想定されています。

●法律で定められている戸籍の証明を請求できる者

① 戸籍に記載されている者又はその配偶者、直系尊属若しくは直系卑属

② 弁護士、司法書士、土地家屋調査士、税理士、社会保険労務士、弁理士、海事代理士、行政書士（受任する事件又は事務に関する業務を遂行するために必要がある場合）

※ 兄弟が相続人の場合、①の「請求できる者」の範囲に当たらないため、次の理由を明示して戸籍の証明を請求することができます。

- 自己の権利を行使し、又は自己の義務を履行するために戸籍の記載事項を確認する必要がある場合は、権利又は義務の発生原因及び内容並びに当該権利を行使し、又は当該義務を履行するために戸籍の記載事項の確認を必要とする理由

・国又は地方公共団体の機関に提出する必要がある場合は、戸籍謄本等を提出すべき国又は地方公共団体の機関及び当該機関への提出を必要とする理由
・そのほか、戸籍の記載事項を利用する正当な理由がある場合は、戸籍の記載事項の利用の目的及び方法並びにその利用を必要とする事由

❷ 戸籍謄本と戸籍抄本（全部事項証明書、個人事項証明書など）

「戸籍」に関する証明には、「戸籍謄本」「戸籍抄本」「記載事項証明書」といった種類があります。
「戸籍謄本」とは、役所に保管されている戸籍の原本全部（全員の記載事項）を写した書面のことをいい、「戸籍抄本」とは、戸籍の原本の一部（請求された特定の個人の記載事項）を抜粋して写した書面のことをいいます。今まで、紙にタイプや手書きで記録して調製していた戸籍でしたが、平成６年に戸籍法の一部が改正され、戸籍を磁気ディスクに調製できるようになり「戸籍のコンピュータ化」が進みました。この改正により、戸籍をコンピュータ化した市区町村では、戸籍謄本が請求されたときには「全部事項証明書」を、戸籍抄本の場合は「個人事項証明書」を交付しています。

相続手続においては、戸籍の証明によって、被相続人の死亡の事実や、相続人の生存だけではなく、被相続人と相続人との親族関係をも明らかにする必要があります。そのため、個人の事項だけ記載されている「戸籍抄本」や「戸籍の個人事項証明書」ではなく、「戸籍謄本」又は「戸籍の全部事項証明書」を収集することになります。

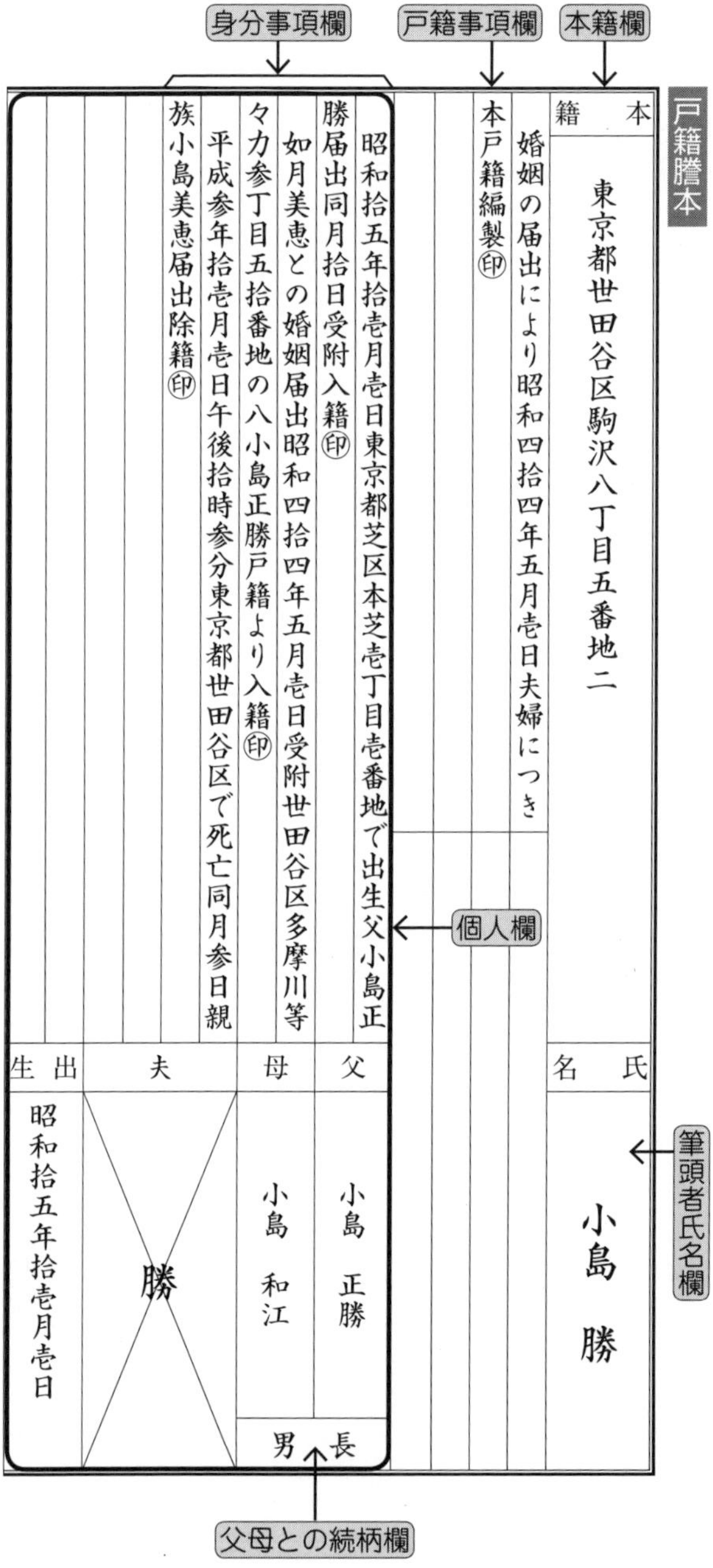

本籍地「東京都世田谷区駒沢八丁目五番地二」筆頭者「小島勝」の戸籍謄本です。戸籍に在籍している「勝」「美恵」「道子」の全員が記載されています。戸籍謄本発行時に既に死亡により除籍している「勝」の氏名は×で削除されています。

昭和弐拾壱年壱月弐拾七日東京都品川区上大崎壱丁目拾五番地で出
生父如月吉郎届出同月参拾壱日同区長受附同年弐月六日送付入籍㊞
昭和四拾四年五月壱日小島勝と婚姻届出栃木県上都賀郡西方村大字
金崎百番地如月吉郎戸籍より同日入籍㊞
平成参年拾壱月壱日夫死亡㊞

父	如月　吉郎
母	如月　千鶴
	参女
妻	美恵
生出	昭和弐拾壱年壱月弐拾七日

昭和四拾五年弐月四日世田谷区深沢四丁目弐番地壱号で出生小島勝
届出同月拾六日受附入籍㊞

父	小島　勝
母	美恵
	長女
	道子
生出	昭和四拾五年弐月四日

この謄本は、戸籍の原本と相違ないことを認証する。

令和○年○月○日

世田谷区長　○○　○○　職印

「戸籍謄本」に記載される市区町村長の認証文

(1)　本籍欄と筆頭者氏名欄

本籍欄と筆頭者氏名欄は、その戸籍の表示をするもので、戸籍の索引的な役割をしています。

(2)　戸籍事項欄

戸籍事項欄には、戸籍に記載されている全員に共通する次の事項が記載されます。

①　新戸籍の編製事項
②　氏の変更事項
③　転籍事項
④　戸籍全部の消除事項
⑤　戸籍全部に係る訂正事項
⑥　戸籍の再製又は改製の事項

(3)　身分事項欄

戸籍に記載されている各個人の事項は、個人欄に個別に記載されます。上段には身分事項欄があり次の事項が記載されます。

①　出生に関する事項については、子
②　認知に関する事項については、父及び子
③　養子縁組（特別養子縁組を除く）又はその離縁に関する事項については、養親及び養子
③の2　特別養子縁組又はその離縁に関する事項については、養子、養子が日本人でない者であるときは、養親

③の3　離縁の際に称していた氏を称することに関する事項については、その氏を称した者
④　婚姻又は離婚に関する事項については、夫及び妻
④の2　離婚の際に称していた氏を称することに関する事項については、その氏を称した者
⑤　親権又は未成年者の後見に関する事項については、未成年者
⑥　死亡又は失踪に関する事項については、死亡者又は失踪者
⑦　生存配偶者の復氏又は姻族関係の終了に関する事項については、生存配偶者
⑧　推定相続人の廃除に関する事項については、廃除された者
⑨　入籍に関する事項については、入籍者
⑩　分籍に関する事項については、分籍者
⑪　国籍の得喪に関する事項については、国籍を取得し、又は喪失した者
⑫　日本の国籍の選択の宣言又は外国の国籍の喪失に関する事項については、宣言をした者又は喪失した者
⑬　氏の変更に関する事項については、氏を変更した者
⑭　名の変更に関する事項については、名を変更した者
⑮　就籍に関する事項については、就籍者
※　就籍とは、日本人でありながら何らかの理由で戸籍に記載されていない人が、家庭裁判所の許可又は判決を受け、届出によって新たに戸籍に記載されることをいいます。
⑯　性別の取扱いの変更に関する事項については、その変更の裁判を受けた者

本籍地「東京都世田谷区駒沢八丁目５番地２」筆頭者「小島勝」の戸籍の全部事項証明書です。戸籍に在籍している全員「勝」「美恵」「道子」が記載されています。既に死亡により除籍している「勝」には除籍と記載されています。

戸籍の全部事項証明書

本籍・氏名欄

（１の１）　全　部　事　項　証　明

本　籍 氏　名	東京都世田谷区駒沢八丁目５番地２ 小島　勝
戸籍事項 戸籍改製	【改製日】平成17年７月16日 【改製事由】平成６年法務省令第51号附則第２条第１項による改製
戸籍に記録されている者 除　　籍	【名】勝 【生年月日】昭和15年11月１日 【父】小島正勝 【母】小島和江 【続柄】長男
戸籍に記録されている者	【名】美恵 【生年月日】昭和21年１月27日 【父】如月吉郎 【母】如月千鶴 【続柄】三女
身分事項 出　　生	【出生日】昭和21年１月27日 【出生地】東京都品川区 【届出日】昭和21年１月31日 【届出人】父 【送付を受けた日】昭和21年２月６日 【受理者】東京都品川区長
戸籍に記録されている者	【名】道子 【生年月日】昭和45年２月４日 【父】小島勝 【母】小島美恵 【続柄】長女
身分事項 出　　生	【出生日】昭和45年２月４日 【出生地】東京都世田谷区 【届出日】昭和45年２月16日 【届出人】父

戸籍事項欄

戸籍に記録されている者欄

これは、戸籍に記録されている事項の全部を証明した書面である。

令和○年○月○日　東京都世田谷区長　○○○○　職印

「戸籍の全部事項証明書」に記載される市区町村長の認証文

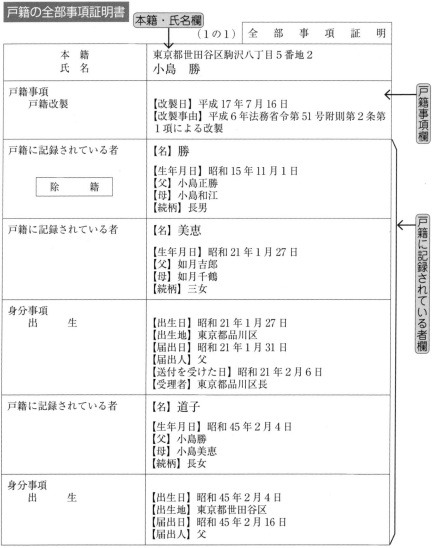

本籍地「東京都世田谷区駒沢八丁目五番地二」筆頭者「小島勝」の戸籍より、「小島美恵」の戸籍抄本です。個人事項については、「小島美恵」の部分だけが記載されます。

戸籍抄本

本籍欄

本籍　東京都世田谷区駒沢八丁目五番地二

筆頭者氏名欄

氏名　小島　勝

戸籍事項欄

婚姻の届出により昭和四拾四年五月壱日夫婦につき
本戸籍編製㊞

身分事項欄

昭和弐拾壱年壱月弐拾七日東京都品川区上大崎壱丁目拾五番地で出
生父如月吉郎届出同月参拾壱日同区長受附同年弐月六日送付入籍㊞
昭和四拾四年五月壱日小島勝と婚姻届出栃木県上都賀郡西方村大字
金崎百番地如月吉郎戸籍より同日入籍㊞
平成参年拾壱月壱日夫死亡㊞

父	母	妻	出生
如月　吉郎	如月　千鶴	美恵	昭和弐拾壱年壱月弐拾七日
参	女		

個人欄

この抄本は、戸籍の原本と相違ないことを認証する。

令和○年○月○日

世田谷区長　○○　○○　職印

「戸籍抄本」に記載される市区町村長の認証文

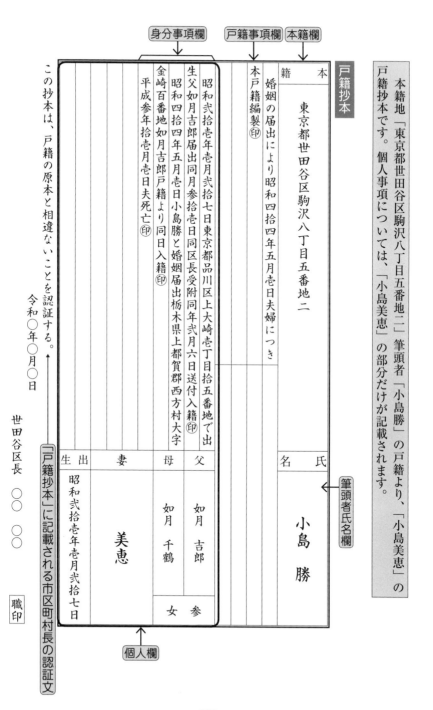

本籍地「東京都世田谷区駒沢八丁目５番地２」筆頭者「小島勝」の戸籍より、「小島道子」の個人事項証明書です。戸籍に記載されている者欄については、「小島道子」の部分だけが記載されます。

戸籍の個人事項証明書

（1の1）　個　人　事　項　証　明

本籍・氏名欄	本　籍	東京都世田谷区駒沢八丁目５番地２
	氏　名	小島　勝
戸籍事項欄	戸籍事項 戸籍改製	【改製日】平成17年７月16日 【改製事由】平成６年法務省令第51号附則第２条第１項による改製
戸籍に記録されている者欄	戸籍に記録されている者	【名】道子 【生年月日】昭和45年２月４日 【父】小島勝 【母】小島美恵 【続柄】長女
	身分事項 出　生	【出生日】昭和45年２月４日 【出生地】東京都世田谷区 【届出日】昭和45年２月16日 【届出人】父

これは、戸籍中の一部の者について記録されている事項の全部を証明した書面である。

令和○年○月○日　東京都世田谷区長　○○○○　職印

↑「戸籍の個人事項証明書」に記載される市区町村長の認証文

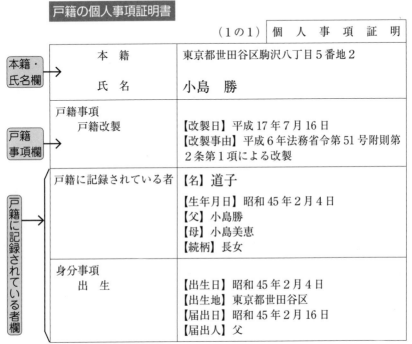

●「謄本」か「抄本」なのか、見分けがつかないときは

戸籍の証明書にはさまざまな書式があるため、これが戸籍謄本なのか戸籍抄本なのか最初は見分けるのに苦労するかもしれません。これらの証明書の末尾には、交付した市区町村長の認証文と認証印が押印されています。認証文の内容を確認すれば、どのような証明書なのか見分けることができます。

- 戸籍謄（抄）本「この謄（抄）本は、戸籍の原本と相違ないことを認証する。」
- 除籍謄（抄）本「この謄（抄）本は、除籍の原本と相違ないことを認証する。」
- 改製原戸籍謄（抄）本「この謄（抄）本は、原戸籍の原本と相違ないことを認証する。」
- 戸籍の全部事項証明書「これは、戸籍に記録されている事項の全部を証明した書面である。」
- 戸籍の個人事項証明書「これは、戸籍中の一部の者について記録されている事項の全部を証明した書面である。」
- 除かれた戸籍の全部事項証明書「これは、除籍に記録されている事項の全部を証明した書面である。」
- 除かれた戸籍の個人事項証明書「これは、除籍中の一部の者について記録されている事項の全部を証明した書面である。」

❸ 現在戸籍

「現在戸籍」とは、現在在籍している人がいて使用されている戸籍のことをいいます。略して「現戸籍（げんこせき）」ということもあります。

前述した戸籍謄本、抄本や戸籍の記載事項証明書は、「現在戸籍の写し」であるといいかえることもできます。

❹ 除　籍

◆除籍とは

現在の戸籍から婚姻や死亡によって外れるという意味でも「除籍」という言葉は使いますが（これを一部除籍といいます）、戸籍を編製していた構成員が全員いなくなってしまった戸籍のことも「除籍」といいます（これを全部除籍といいます）。

一部除籍の例としては、戸籍の構成員である子が婚姻するときには、その子は親の戸籍から自動的に除籍され、新しい戸籍が編製されます。親が離婚をして婚姻を解消した場合は、その戸籍の筆頭者ではない配偶者が除籍します。戸籍の構成員が死亡した場合にも除籍されます。成人の子は、自分自身の判断で、親の戸籍から出て自分が筆頭者となる戸籍を編製することができますが（これを分籍といいます）、この場合にも、親の戸籍からは除籍します。これらの事由が重なり、戸籍の構成員全員がその戸籍からいなくなってしまうこともあります。

また、本籍地を移すことを転籍といいますが、他の市区町村に転籍する場合には（これを管外転籍といいます）、戸籍の構成員全員が新しい本籍地に移転しますので、やはり全員が存在していない状態になります。

このような経緯で「全部除籍」された戸籍は、現在の戸籍簿から分けられ、「除籍簿」という別の帳簿に綴られます。

除籍簿は、除籍されるまでの期間中の身分関係の変動がすべて記載されている重要な戸籍です。除籍簿には、公文書として定められた保存期限が定められており、この間、市区町村役場で厳重に保管されます。

◆除籍の確認で分かる身分事項の変動

現行の制度では、除籍をしたり新戸籍を編製したりするときには、元の戸籍（除籍）には転籍先の本籍地が記載され、新しい戸籍には、前の本籍地が記載されます。新戸籍と旧戸籍相互に戸籍の表示をすることによって、その繋がりが明らかになるので、これをたどっていけば、時系列で個人の身分事項や親族関係を調査することができます。

ただし、戸籍の記載事項については、新しい戸籍に記載が移される（これを移記といいます）ものとそうでないものがあるので注意が必要です。

例えば、婚姻に関する事項など、現在においても有効な身分事項は移記されますが、既に法律効果を失った離婚や養子縁組の離縁などの事項は移記されません。そのため、除籍を確認することによって、現在戸籍の記載事項だけでは分からない身分事項の変動が判明することがあります。

他の市区町村に本籍地を転籍した場合も、転籍先の市区町村に新たな戸籍が編製され、転籍元の戸籍は除籍になりますが、転籍先に編製される新しい戸籍には、転籍する時点で戸籍に在籍している者だけが記載されます。つまり、戸籍の見出しとなる筆頭者を除き、既に死亡や婚姻などを原因として除籍されている者は、新しい戸籍には記載されません。

このように、現在の戸籍だけでは親族関係を完全に把握しているとは限りませんので、戸籍が編製された原因をよく確認し、その前に除籍されている戸籍がないか注意する必要があります。

なお、除籍もコンピュータ化している場合があります。コンピュータ化していれば、「除籍謄本」は「除かれた戸籍の全部事項証明書」、「除籍抄本」は「除かれた戸籍の個人事項証明書」という証明書になります。

除籍謄本（管外転籍による例）

本籍地「東京都世田谷区等々力八丁目弐拾七番地」筆頭者「中山祐一」の除籍謄本です。戸籍事項に①戸籍を編製した年月日と編製原因、前の本籍地（昭和38年1月29日に静岡県御殿場市御殿場参拾七番地の二から転籍して編製）、②転籍年月日と新しい本籍地（平成9年4月23日に川崎市多摩区長尾七丁目七番地に転籍したため除籍）が記載されています。

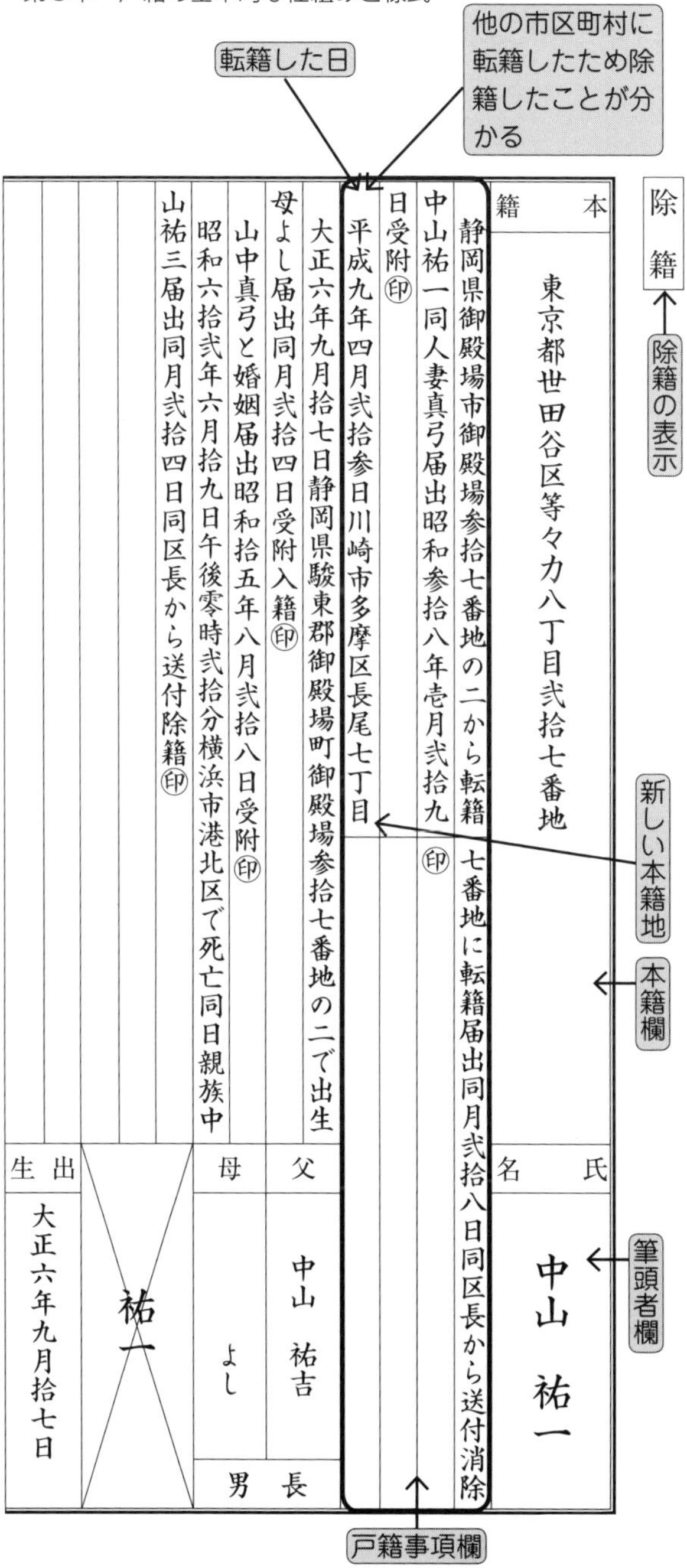

昭和拾五年八月弐拾八日中山祐一と婚姻届出東京市芝区本芝七丁目五
番地山中重雄戸籍より同日入籍㊞
昭和六拾弐年六月拾九日夫死亡㊞

父	山中　重雄
母	タツ
	二女
妻	真弓
出生	大正九年参月弐拾五日

この謄本は、除籍の原本と相違ないことを認証する。

令和元年七月拾弐日

世田谷区長　××　××　職印

本籍地「神奈川県川崎市多摩区長尾七丁目7番地」筆頭者「中山祐一」の戸籍ですが、戸籍に記載されている全員が死亡により除籍したため、除かれた戸籍になりました。

除かれた戸籍の全部事項証明書（全部除籍の例）

除　籍　　（1の1）　全　部　事　項　証　明

本　籍 氏　名	神奈川県川崎市多摩区長尾七丁目7番地 中山祐一
戸籍事項 　戸籍改製 　戸籍消除	【改製日】平成19年6月2日 【改製事由】平成6年法務省令第51号附則第2条第1項による改製
戸籍に記録されている者 除　籍	【名】祐一 【生年月日】大正6年9月17日 【父】中山祐吉 【母】中山よし 【続柄】長男
戸籍に記録されている者 除　籍	【名】真弓 【生年月日】大正9年3月25日 【父】山中重雄 【母】山中タツ 【続柄】二女
身分事項 　出　生	【出生日】大正9年3月25日
死　亡	【死亡日】令和2年4月17日 【死亡時分】午後6時 【死亡地】神奈川県横浜市港北区 【届出日】令和2年4月20日 【届出人】中山拓也 【送付を受けた日】令和2年4月24日 【受理者】神奈川県横浜市港北区長

発行番号　１０×××－２０１×××××－Ｒ０８８××××
これは、除籍に記録されている事項の全部を証明した書面である。
令和2年4月27日
神奈川県横浜市港北区長　××　××　職印

❺ 改製原戸籍

日本の戸籍制度の歴史は古く、飛鳥時代までさかのぼるといわれていますが、私たちが実際に関与するのは明治以降の近代戸籍です。

明治時代においては、中央集権国家による全国統一政治を遂行するために、国内の総人口を把握する必要性があったことを背景に、明治5年に戸籍制度の原型が整えられました。

それから現在に至るまで、明治19年、明治31年、大正4年、昭和23年、平成6年に戸籍法が大改正され、戸籍制度は法律の改正や命令によって変化していきました。そのたびに、戸籍の編製方法は改められ、新しい形式の戸籍に作り直されました（これを改製といいます）。

これらは、改製された年にちなみ、それぞれ「明治5年式戸籍」「明治19年式戸籍」「明治31年式戸籍」「大正4年式戸籍」と呼ばれ、昭和23年以降の戸籍は「現行戸籍」、平成6年の改製後の戸籍は「コンピュータ化された戸籍」と呼ばれています。

改製後は、改製前の戸籍は現在の戸籍簿から外し、改製原戸籍簿にまとめて綴られます。改製原戸籍も、公文書と同様に一定期間保管されます。

改製原戸籍の「原」は「本来の」という意味です。読み方は「かいせいげんこせき」ですが、現在戸籍（略して現戸籍（げんこせき））と、音が紛らわしいため、「かいせいはらこせき」と読むこともあります。これを略して「はらこ」とも呼びます。

	コンピュータ化前	コンピュータ化後
様　式	加除式（バインダー式）	電算化（コンピュータ化）
用　紙	B 4判（A 4判）横長	A 4判縦長
書　式	縦書き	横書き
数字の書き方	漢数字	アラビア数字
形　式	文章形式	項目化形式
職　印	朱肉印	電子職印

注：戸籍の改製作業は市区町村ごとに行われるため、コンピュータ化していない村もあります。

戦後に改製した改製原戸籍は、大きく分けて2つの種類があります。

1　昭和32年法務省令による改製

それまでは孫、甥、姪なども含めた一族全員が同じ戸籍に記載され、戸主を中心とした「家」を一つの単位として戸籍が構成されていました。日本国憲法制定に伴い、これを現行の「一の夫婦と同氏の未婚の子」を単位に構成する戸籍に改めました。昭和に行われた改製であることから、「昭和改製原戸籍」とも呼ばれています。

2　平成6年法務省令による改製（戸籍のコンピュータ化）

それまで戸籍は紙の帳簿で調製されていましたが、平成6年からは戸籍をコンピュータで調製することができるようになりました。平成に行われた改製であることから、「平成改製原戸籍」とも呼ばれています。

コンピュータ化すると、上記表のように表示が変更されます。

改製するときには、その時点で戸籍に在籍する者だけが新しい戸籍に移記され、戸籍の見出しとなる筆頭者を除き、既に死亡や婚姻で除籍されている者などは移記されません。

これも除籍と同様なので、注意しましょう。

◆改製後の記載に注意！（65〜67頁の戸籍実例）

① コンピュータ化前

本籍地「東京都世田谷区駒沢八丁目五番地二」筆頭者「小島勝」の改製原戸籍です。欄外には、コンピュータ化によって改製されたことを示す「平成六年法務省令第五十一号附則第二条第一項による改製につき平成拾七年七月拾六日消除」とあり、平成17年7月16日にコンピュータ化戸籍に編製されたことが分かります。

各個人の身分事項欄を確認すると、平成3年11月1日に死亡した「勝」と、平成8年10月1日に宇野梅太郎と婚姻し、千代田区平河町三丁目四番地に夫の氏の新戸籍を編製し除籍した「道子」の氏名は×で削除されています。

② コンピュータ化後

戸籍事項の「【改製日】平成17年7月16日」は①の消除日と同日になります。「【改製事由】平成6年法務省令第51号附則第2条1項による改製」は、コンピュータ化による改製を示します。

①と同じ本籍地「東京都世田谷区駒沢八丁目五番地二」筆頭者「小島勝」の戸籍ですが、改製前に既に除籍している「道子」は記載から除かれ、全く表示されません。

「勝」も改製前に死亡し除籍していますが、筆頭者の名と出生事項は氏名欄に除籍と記載し移記されます。

各人の移記される身分事項は「出生事項」のみのため、「勝」の死亡事項、「勝」と「美恵」の婚姻事項は省略されています。その年月日や経緯を確認するには、①の改製原戸籍にさかのぼる必要があります。

①コンピュータ化前

平成六年法務省令第五十一号附則第二条第一項
による改製につき平成拾七年七月拾六日消除

← 戸籍のコンピュータ化によって改製したことが分かる

本籍　東京都世田谷区駒沢八丁目五番地二

氏名　小島　勝

婚姻の届出により昭和四拾四年五月壱日夫婦につき
本戸籍編製㊞

昭和拾五年拾壱月壱日東京市芝区本芝壱丁目壱番地で出生父小島正
勝届出同月拾日受附入籍㊞
如月美恵との婚姻届出昭和四拾四年五月壱日受附世田谷区多摩川等
々力参丁目五拾番地の八小島正勝戸籍より入籍㊞
平成参年拾壱月壱日午後拾時参分東京都世田谷区で死亡同月参日親
族小島美恵届出除籍㊞

父　小島　正勝
母　小島　和江
長男
夫　勝
出生　昭和拾五年拾壱月壱日

昭和弐拾壱年壱月弐拾七日東京都品川区上大崎壱丁目拾五番地で出
生父如月吉郎届出同月参拾壱日同区長受附同年弐月六日送付入籍㊞
昭和四拾四年五月壱日小島勝と婚姻届出栃木県上都賀郡西方村大字
金崎百番地如月吉郎戸籍より同日入籍㊞

平成参年拾壱月壱日夫死亡㊞

父	如月　吉郎
母	如月　千鶴
	参　女
妻	美恵
生出	昭和弐拾壱年壱月弐拾七日

昭和四拾五年弐月四日世田谷区深沢四丁目弐番地壱号で出生小島勝
届出同月拾六日受附入籍㊞
平成八年拾月壱日宇野梅太郎と婚姻届出同月四日東京都千代田区長
から送付同区平河町三丁目四番地に夫の氏の新戸籍編製につき除籍㊞

父	小島　勝
母	美恵
	長　女
	~~道子~~
生出	昭和四拾五年弐月四日

この謄本は、原戸籍の原本と相違ないことを認証する。

平成○年○月○日

世田谷区長　○○　○○　職印

②コンピュータ化後

（1の1）　全部事項証明

本　　籍 氏　　名	東京都世田谷区駒沢八丁目５番地２ 小島　勝
戸籍事項 戸籍改製	【改製日】平成17年７月16日 【改製事由】平成６年法務省令第51号附則第２条第１項による改製
戸籍に記録されている者 除　　籍	【名】勝 【生年月日】昭和15年11月１日 【父】小島正勝 【母】小島和江 【続柄】長男
戸籍に記録されている者	【名】美恵 【生年月日】昭和21年１月27日 【父】如月吉郎 【母】如月千鶴 【続柄】三女
身分事項 出　　生	【出生日】昭和21年１月27日 【出生地】東京都品川区 【届出日】昭和21年１月31日 【届出人】父 【送付を受けた日】昭和21年２月６日 【受理者】東京都品川区長

これは、戸籍に記録されている事項の全部を証明した書面である。

令和○年○月○日　東京都世田谷区長　○○○○　職印

筆頭者が死亡しても「除籍」の記載をして戸籍は存続する

改製原戸籍の消除日と同日

戸籍のコンピュータ化によって改製されたことが分かる

改製原戸籍には記載のあった死亡事項の記載は省略されている（死亡日などは改製原戸籍を確認しないと分からない）

戸籍のコンピュータ化後も出生事項は移記される
勝との婚姻や従前の本籍地は改製原戸籍を確認しないと分からない

※　改製原戸籍に記載されていた長女「道子」は既に婚姻して新戸籍を編製し除籍しているため、新しいコンピュータ化後の戸籍には移記されない

❻ 戸籍簿・除籍簿等の保存期間

◆戸籍簿、除籍簿及び各副本の保存期間

戸籍簿と除籍簿は、戸籍を綴った帳簿です。市区町村役場において、施錠のある耐火性の書籍又は倉庫で厳重に保存されています。コンピュータ化された戸籍は、磁気ディスクで戸籍簿が調整されています。

戸籍に記載されている全員が除かれると、除籍簿に移されます。除籍簿と改製原戸籍簿には保存期間が定められており、期限を経過すれば市区町村役場が破棄処分をします。

除籍簿は80年、改正原戸籍簿は、戸籍制度が変更された都度、①明治5年式戸籍から明治19年式戸籍に改製したものは50年、②明治19年式、明治31年式、大正4年式の各戸籍で原戸籍となったものは80年、③平成6年12月1日以降に戸籍のコンピュータ化により原戸籍となったものは一〇〇年と定められていましたが、平成22年6月1日に施行された戸籍法施行規則等の一部改正によって、除籍簿・改正原戸籍簿ともに保存期間は一五〇年に変更されました。保存期間は、除籍や改製された翌年から起算します。

市区町村を管轄する法務局では戸籍簿等の副本を保管していますが、これらの副本の保存期間も一五〇年（平成22年6月1日以前は80年）です。

◆保存期間経過後の廃棄証明の申請

相続手続の際に除籍謄本や改製原戸籍謄本を請求しても、保存期間が過ぎて廃棄処分されていると、入手することができません。この場合は、市区町村役場に保存年限経過により破棄された廃棄証明（告知書）を申請することができます。この証明を提出して相続手続を進めることになります。

廃棄証明の例

発行番号　　０００１××××

廃棄証明

本　　　籍　　東京府東京市日本橋区川瀬石町56番地

筆　頭　者　　山田　八郎
（戸主氏名）　（大正８年除籍）

事　　　由　　保存期間経過により廃棄（戸籍法施行規則第５条第４項）

上記のとおり証明する。

令和元年３月４日

中央区長　　○○　○○　印

消失告知書の例

{改製原戸籍／除　　籍（丸囲み）} 焼失につき謄抄本の
交付ができないことの告知書

本　　籍	東京都豊島区西巣鴨三丁目15番地
戸　　主	田野倉　辰夫
消除年月日	昭和19年７月20日

上記の戸籍は、昭和20年４月13日戦災により焼失し、これを再製しなければならないところ、東京法務局で保管中の副本も、昭和20年３月10日の戦災により焼失したため、再製することができないまま今日に至っているので、同戸籍の謄抄本を交付することができないことを告知します。

令和２年２月26日

豊島区長　○○　○○　印

保存期間の経過が原因ではなく、関東大震災や、第二次世界大戦の大空襲で戸籍の原本が焼失してしまったために戸籍謄本等の交付を受けられない場合があります。戸籍簿の全部又は一部が滅失したとき又は滅失のおそれがあるときは、法務大臣は、その再製又は補完について必要な処分を指示することになっていますが、役場が保管していた戸籍の正本だけではなく、法務局が保管していた副本も焼失し、再製が不可能になったものもあるからです。この場合は、市区町村役場で焼失証明（告知書）を取り寄せることになります。

❼ 戸籍の附票

戸籍の附票とは、本籍地の市区町村が管理する住民票記載の住所地の移転の履歴の記録で、いわば「住所の履歴書」です。昭和26年に住民登録法が施行され、住民票によって住所の把握を行う制度になったときと合わせて戸籍の附票の制度も始まりました。住所に関する記録については、昭和42年に住民登録法が廃止され、住民基本台帳法に引き継がれましたが、戸籍の附票の位置づけは変わっていません。

戸籍の附票には、①戸籍の表示、②氏名、③住所、④住所を定めた年月日が記載されます。

住所地の市区町村長は、住民票の記載等をした場合に、本籍地において戸籍の附票の記載の修正をすべきときは、遅滞なく、当該修正をすべき事項を本籍地の市区町村長に通知しなければならず、また、通知を受けた事項が戸籍の記載又は記録と合わないときは、本籍地の市区町村長は、遅滞なく、その旨を住所地の市区町村長に通知しなければなりません。このように、相互で記載事項の正確性が担保されるようチェックをしていく仕組みができあがっています。

戸籍の附票は戸籍と一体化しているため、戸籍の移転が行われていなければ、ひとつの戸籍の附票に、全ての住所履歴が記録されます。しかし、結婚や離婚、養子縁組、転籍や全部除籍によって除籍になると、附票も「除かれた附票（除附票）又は除籍の附票」になり、ひとつの戸籍の附票では住所履歴の確認ができなくなるという特徴があります。除附票の保存期間は住民票の除票と同じく、住民基本台帳法施行令の改正により、令和元年6月20日からは、5年間から一五〇年間に変更されました。なお、平成26年6月20日以前に消除又は改製したものは、既に保存期間を経過しているため、発行されません。

改製原戸籍にも同様に附票があります。戸籍の附票の写しは、住所地が分からない時でも、本籍地と筆頭者の二つが分かれば請求することができます。そのため、過去の住所の履歴を証明したり、音信不通になり連絡先の分からない相続人がいる場合の住所地を調査したりするときに活用することができます。

附票の例（コンピュータ化前）

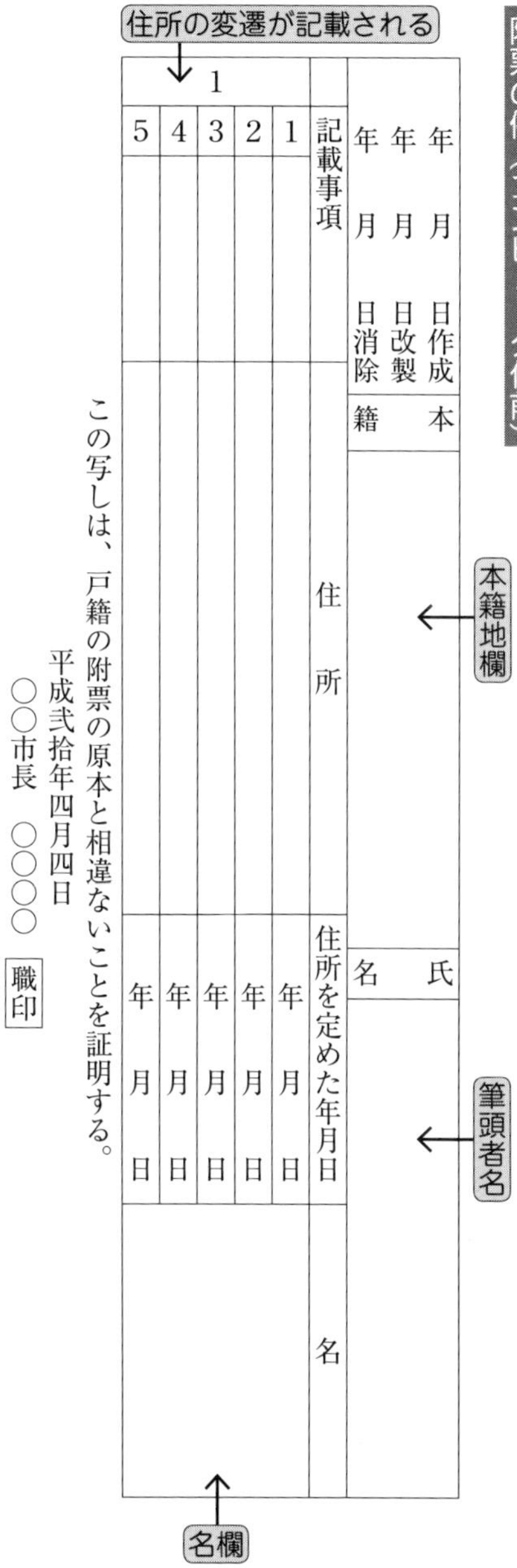

年　月　日作成
年　月　日改製
年　月　日消除
本籍
氏名
1
記載事項
住所
住所を定めた年月日
名
1 2 3 4 5
年　月　日
この写しは、戸籍の附票の原本と相違ないことを証明する。
平成弐拾年四月四日
○○市長　○○○○　職印

附票の例（コンピュータ化後）

（1の1）附票の全部証明

氏名	本籍
笠井清明	仙台市泉区向陽台三丁目3番地

附票記録事由欄	平成15年7月19日編製		
名	住　　所	住所を定めた日	記録事項欄
晃	宮城県多賀城市桜木二丁目3番地	昭和37年3月1日	
	仙台市泉区向陽台三丁目3番地メイツ向陽台321号	平成15年7月19日	
美穂	宮城県多賀城市桜木二丁目3番地	昭和37年3月1日	
	仙台市泉区向陽台三丁目3番地メイツ向陽台321号	平成15年7月19日	
朋江	宮城県多賀城市桜木二丁目3番地	昭和38年4月4日	
	仙台市泉区向陽台三丁目3番地メイツ向陽台321号	平成15年7月19日	
	仙台市青葉区吉成一丁目24番5-210号	平成19年5月7日	
			以下余白

発行番号　12345678

これは、戸籍の附票に記録されている事項の全部を証明した書面である。

令和元年6月3日

仙台市泉区長　××　××　印

2　戸籍の様式とその特徴

❶ 旧法戸籍

明治の近代国家となってからその原型が整えられた戸籍制度ですが、法律の改正や命令によって、現在の形式に至るまでさまざまな変容を遂げてきました。

戸籍が改正された年にちなんで、それぞれの戸籍を「(元号)〇年式戸籍」などと呼びますが、昭和22年に公布された新民法に基づき調整された昭和23年以降の戸籍を「現行戸籍」というのに対し、「明治5年式戸籍」「明治19年式戸籍」「明治31年式戸籍」「大正4年式戸籍」は「旧法戸籍」(又は「戦前戸籍」)といいます。

旧法においては、一家の代表者であり権限者である戸主を中心とした「家制度」に基づいて戸籍が編製されていました。

新しい戸籍を編製する原因のひとつに「家督相続」があります。家督相続とは、戸主の死亡又は隠居によって、戸主の地位と家の財産は家督を相続する者（基本的には長男）が単独で承継することをいいます。家督相続により、もとの戸主の戸籍は当然に全部除籍され、新しい戸主の戸籍が新たに編製されます。現行の戸籍制度では、筆頭者の死亡によってその戸籍は当然に除籍されるわけではありませんので、この点は制度として全く異なります。

旧法戸籍で使用されている基本的な用語は以下のとおりです。

①戸主（こしゅ）

一家の代表者。戸籍の最初に記載されています。

戸主には、家長として家族の婚姻や縁組などの同意権が認められていました。戸主の同意を得ずに結婚した者を戸籍から除くことができるなど、その権限は非常に強いものでした。

②女戸主（おんなこしゅ）

原則的には男性が戸主を担っていましたが、女性が戸主になることもでき、その場合は女戸主と呼ばれました。

③隠居（いんきょ）

戸主が生前に、戸主の権利と一家の財産を承継して隠退し、その家の家族の地位になること。

④家督相続（かとくそうぞく）

戸主を別の者（一般的には長男）に引き継ぐこと。戸主が死亡や隠居したときや、女戸主が入夫婚姻を行い夫に戸主を譲るときなどに行われました。家督相続が行われることで戸主が代わり、新たに戸籍の編製がなされました。

⑤庶子（しょし）

父から認知された非嫡出子。

⑥婦（ふ）

戸主以外の人（戸主の子など）の妻。

⑦**入夫婚姻**（にゅうふこんいん）

女戸主である妻の戸籍に夫が入る婚姻方法。婚姻後は女戸主が戸主の地位を留保しなければ入夫が戸主になりました。

⑧**婿養子縁組**（むこようしえんぐみ）

夫が妻側の戸籍に入り、婚姻と妻の親との養子縁組を同時に行うこと。入夫婚姻と異なり、女戸主以外と行うことができます。

⑨**家附の継子**（いえつきのけいし）

婚姻又は養子縁組によって戸主が入籍する前にその家で出生していた配偶者の子のこと。家附の継子は、その戸主の実子・養子のいずれでなくとも、相続に関しては嫡出である子と同一の権利義務を有します。

⑩**廃家**（はいけ）

戸主が家族を連れて他の家に入るために、元の家を廃すること。

⑪**分家**（ぶんけ）

ある家に属する家族が、戸主の同意を得て、その属している家を離れ新たに家を設立すること。分家をする者の妻に加え、直系卑属とその妻も新たに設立した家に移動することができます。分家に対し元の家を「本家（ほんけ）」といいます。

⑫**一家創立**（いっかそうりつ）

当事者の意思に基づいて家を設立する分家に対し法定の原因に基づき新たに一家が設立されること。

《コラム》明治維新後の民法制定と家制度（旧戸籍と現行戸籍の比較）

昭和22年の民法改正まで、日本では家制度を重視しているという説明をしました。家制度や家督相続というと江戸時代の大名などを想像する方も多いと思いますが、明治維新で外国の文明や法制度を取り入れようとして民法などを定めた政府が、どうして家制度を残したのか、疑問に思う方もいらっしゃると思います。

実は、明治維新後の民法制定に際して、「民法典論争」というものがありました。明治維新後、明治政府は、フランス人法学者ボアソナードを中心として、民法の案を作成しました。ところがその案は自由民権的な思想が強かったため、天皇制と絡めて日本古来の家族制度にそぐわないなどの反対論が根強く、施行が延期となりました。その後、ドイツ（当時はプロイセン）の民法典などを参考にした民法案が改めて作成され、これが旧民法典となりました。

なお、明治憲法も皇帝の権限の強いプロイセン憲法を参考にしています。

明治政府としては、天皇に強い権限を与える政治体制を理想としていたため、それに一番整合しやすい民法典になった、というわけです。

旧法戸籍では、戸主を中心として、戸主の親、妻、子、孫、兄弟や兄弟の家族等、「家」に所属する複数の家族が大勢記載されています。

旧法戸籍の年式ごとの特徴は次のとおりです。

1　明治5年式戸籍（明治5年2月1日～）

戸籍が作られた年の干支が壬申《みずのえさる》の年であったことにちなんで、「壬申戸籍《じんしん》」とも呼ばれています。江戸時代には民衆の宗教調査や徴税の基礎資料として「宗門人別改帳」が作成されてきました。これに代わって作られたもので、現在の住居表示にあたる「屋敷番号」を本籍地として、戸（世帯）を単位に作成されました。これにより住所と世帯単位で全国民の人口を把握し、徴税や徴兵などの資料としたため、明治5年式戸籍は、いわゆる今日の国勢調査に近い内容であったともいえます。戸籍の様式は全国で統一されておらず、牛馬の数や田畑の面積まで記載しているところもあり、課税台帳までも兼ねる内容でした。

明治5年式戸籍には、江戸時代の身分制度に基づく差別的記載も存在していたため、昭和45年に各地方の法務局に厳重に包装、封印の上保管されることになりました。今後も一般には開示されることは予定されていない戸籍です。

2　明治19年式戸籍（明治19年10月16日～明治31年7月15日）

明治19年に戸籍取扱手続規定が変更されたことに伴い作られたのが、明治19年式戸籍です。近代化による産業の発展等によって地域間移動などが盛んになり、従来の方法では居住実態や身分関係の変動の把握ができなくなったため、「出生死去寄留等届方」という内務省令が出され、出生や死亡などの一定の事項には、その都度届出の義務を課し過料制裁もする制度が整えられました。

戸籍の様式も改正されました。戸籍は各戸ごとに記載され、見出し部分に、その戸の住所と前戸主の氏名が記載されるなど、現在の原型が整ってきます。

除籍簿制度や、戸籍副本制度も新設され、改製原戸籍の保存年限も定められました。

なお、明治19年式戸籍は規則の変更によって行われたため、戸籍により改製時期がばらばらで全国全ての戸籍が明治19年式戸籍に変更されたものではなく、明治5年式戸籍から明治31年式戸籍に移っているものもあります。

そのほとんどが保存期間を過ぎており、現在ではあまり目にすることはなくなっています。

明治19年式戸籍例

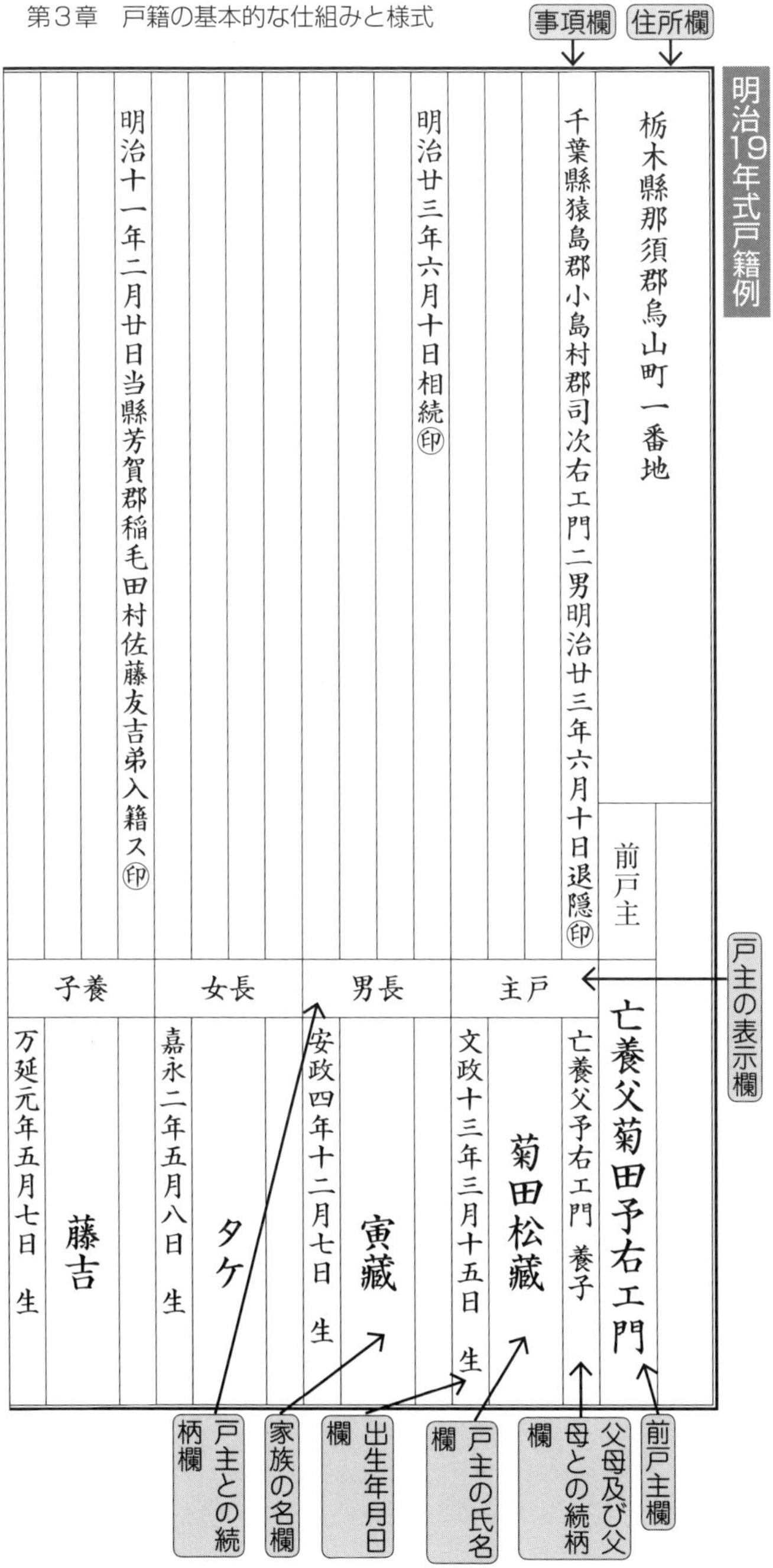

栃木縣那須郡烏山町一番地
千葉縣猿島郡小島村郡司次右エ門二男明治廿三年六月十日退隠㊞
明治廿三年六月十日相続㊞
明治十一年二月廿日当縣芳賀郡稲毛田村佐藤友吉弟入籍ス㊞
前戸主
亡養父菊田予右エ門
戸主
亡養父予右エ門 養子
菊田松蔵
文政十三年三月十五日 生
長男
寅蔵
安政四年十二月七日 生
長女
タケ
嘉永二年五月八日 生
養子
藤吉
万延元年五月七日 生

住所「栃木県那須郡烏山町一番地」戸主「菊田松蔵」の戸籍です。前戸主は菊田予右エ門。事項欄を確認すると、戸主の松蔵は明治23年6月10日に退隠（隠居）し、寅蔵が相続したため、寅蔵が戸主の新戸籍が編製されていることが分かります。

明治十九年十二月十三日当縣塩谷郡下柏崎村田中作兵衛妹入籍ス㊞

明治十四年十二月廿日当縣那珂郡下河戸村俵平助二女長女タケ離
婚ニ付携帯入籍ス㊞

婦
長男寅蔵妻
セキ
文久二年八月十日　生

孫
長男寅蔵長男
春吉
明治十二年三月十日　生

孫
長男寅蔵二男
末吉
明治十五年五月二日　生

孫
長男寅蔵三男
倉蔵
明治十八年六月十四日　生

孫
長女タケ二女
ナツ
明治五年二月八日　生

3　明治31年式戸籍（明治31年7月16日～大正3年12月31日）

明治31年に民法（旧民法）が制定され、新たに戸籍法が制定施行されたことにより戸籍制度に根本的な改革が行われました。

もともとは住民の把握が主たる目的であった戸籍でしたが、戸主をして家族の統制と維持の責任を負わせる「家」制度が創設されたことを機に、戸籍の主たる目的は、家に属する者の身分登録であり、家を表すものになりました。

明治31年式戸籍では、戸籍簿のほかに「身分登記簿」が設けられました。出生、死亡、婚姻、離婚、縁組等身分に関する届出を受けると、まず身分登記簿に詳細に登録され、そのうちの重要な身分事項のみ戸籍簿に簡略化されて転記されています（身分登記制度は大正4年に廃止されます）。

明治31年式戸籍の様式上の最大の特徴は「戸主トナリタル原因及ヒ年月日欄」があることです。ここには家督相続の年月日が記載されるため、戸籍がいつ作られたのかは、この欄を確認すれば一目で分かります。除籍等の時期は、事項欄に記載されています。

本籍地「栃木県那須郡狩野村拾番地」戸主「松本平太郎」の戸籍です。前戸主は松本鶴太郎。祖父鶴太郎死亡により明治43年7月17日に戸主となったことで、この戸籍が編製されました。昭和23年5月22日に栃木県那須郡川西町黒羽向町五百番地に転籍し全部除籍されています。

明治31年式戸籍例

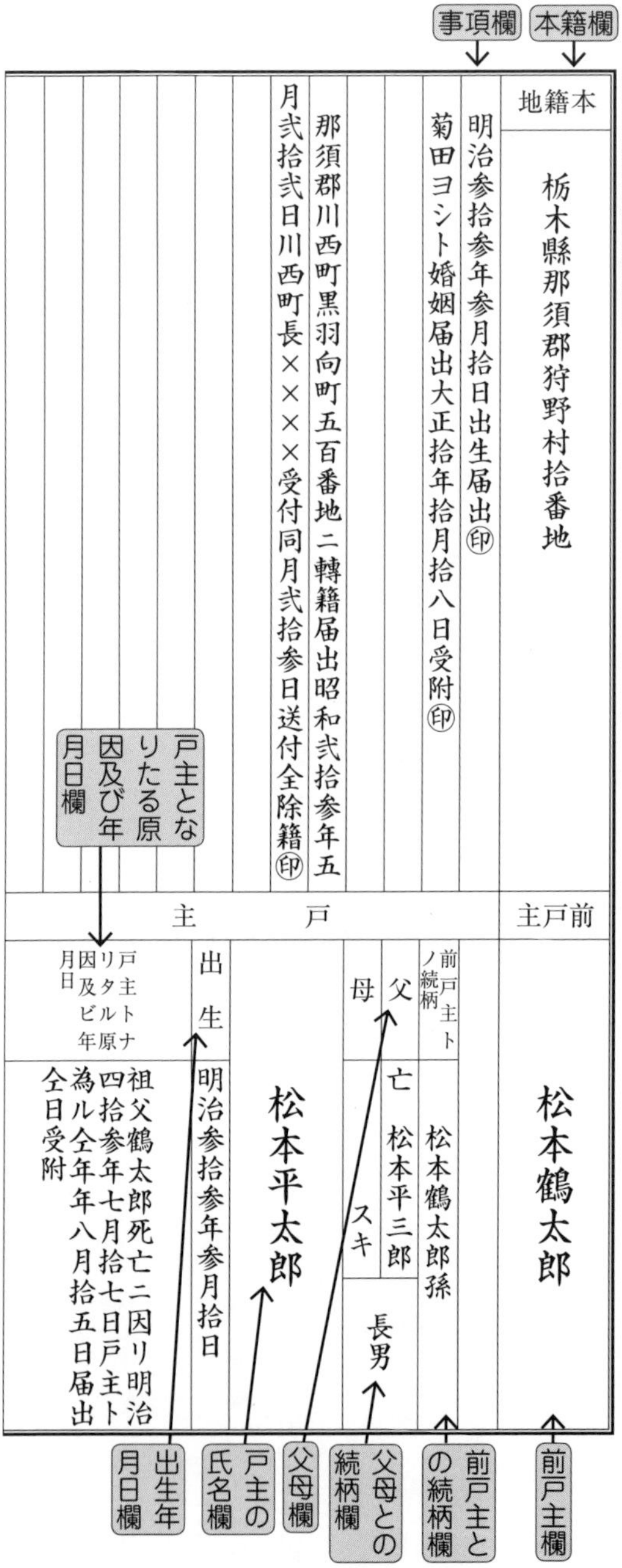
本籍　栃木縣那須郡狩野村拾番地

明治参拾参年参月拾日出生届出㊞

菊田ヨシト婚姻届出大正拾年拾月拾八日受附㊞

那須郡川西町黒羽向町五百番地ニ轉籍届出昭和弐拾参年五月弐拾弐日川西町長××××受付同月弐拾参日送付全除籍㊞

前戸主　松本鶴太郎

前戸主ト　ノ続柄　松本鶴太郎孫

父　亡　松本平三郎

母　スキ

長男

戸主　松本平太郎

出生　明治参拾参年参月拾日

戸主トナリタル原因及ビ年月日　祖父鶴太郎死亡ニ因リ明治四拾参年七月拾七日戸主ト為ル仝年八月拾五日届出仝日受附

大正弐年七月六日午後壱時死亡仝月七日届出仝日受附㊞

戸主との続柄欄

祖母

父

母

家族トノ続柄　祖父鶴太郎妻

マツ

出生　嘉永元年壱月拾四日

家族との続柄欄

出生届出年月日不詳

昭和拾九年拾弐月拾弐日午前九時那須郡川西町大字黒羽向町四百五十五番地ニ於イテ死亡戸主松本平太郎届出同月拾参日受附㊞

母

父　亡　松本鶴太郎

母　マツ

家族トノ続柄　長女

スキ

出生　明治拾年弐月拾壱日

明治壱拾五年壱月拾四日出生届出仝日受附㊞

那須郡芦野町拾九番地川本長之助ト婚姻届出大正八年参月弐拾壱日芦野町長××××受附同月弐拾参日送附除籍㊞

姉

父　亡　松本平三郎

母　スキ

家族トノ続柄　長女

キエ

出生　明治壱拾五年壱月壱日

明治参拾九年壱月拾四日出生届出仝日受附㊞

大正拾壱年参月拾八日午後弐時本籍ニ於イテ死亡戸主松本平太郎届出同月拾九日受附㊞

弟

父　亡　松本平三郎

母　スキ

家族トノ続柄　弐男

次太郎

出生　明治参拾九年壱月九日

4　大正4年式戸籍（大正4年1月1日～昭和22年12月31日）

大正3年の戸籍法改正に伴い編製された戸籍です。昭和の改製原戸籍はこの戸籍ですので、現在でもこの戸籍はよく見られます。コンピュータ化前の現在戸籍は、大正4年式戸籍の様式が基礎となり編製されています。

明治31年式戸籍の特徴であった「戸主ト為リタル原因及ヒ年月日」の欄が廃止され、その事項は戸主の事項欄に記載されました。身分登録簿が廃止されたため、身分事項に関する記載内容が詳細になりました。明治31年式戸籍では戸主以外全てに「家族トノ続柄欄」が設けられていましたが、必要な場合のみ設ける形になりました。

戸主の事項欄には戸籍事項と身分事項が混載しています。戸籍編製以前の戸主の出生や婚姻といった身分事項も移記され、「本籍ニ於イテ出生」と記載されていることもあるため、出生時点の戸籍であると間違えやすいので注意しましょう。

本籍地「栃木県那須郡川西町黒羽向町五百番地」戸主「松本平太郎」の戸籍です。前戸主は祖父の松本鶴太郎。平太郎の事項欄には、戸籍事項と身分事項が混載されています。「明治33年3月10日出生届出」と記載されていますが、この戸籍は昭和23年5月22日に栃木県那須郡狩野村拾番地から転籍して編製されたもので、戸主松本平太郎の出生時点の戸籍ではありません。

大正4年式戸籍例

本籍　栃木縣那須郡川西町黒羽向町五百番地

祖父鶴太郎死亡ニヨリ明治四拾参年七月拾七日戸主ト為ル同年
八月拾五日届出同日受附㊞
明治参拾参年参月拾日出生届出㊞
菊田ヨシト婚姻届出大正拾年拾月拾八日受附㊞
那須郡狩野村拾番地ヨリ轉籍届出昭和弐拾参年五月弐拾弐日受
附㊞

昭和参拾弐年法務省令第二十七号により昭和参拾参年四月壱日
本戸籍改製㊞
昭和参拾弐年法務省令第二十七号により昭和参拾六年参月弐拾
日あらたに戸籍を編製したため本戸籍消除㊞

前戸主	前戸主トノ続柄	父	母	戸主	出生
松本鶴太郎	孫	亡 松本平三郎	スキ	松本平太郎	明治参拾参年参月拾日
		長男			

事項欄　本籍欄　前戸主欄　前戸主との続柄欄　父母との続柄欄　父母欄　戸主の氏名欄　出生年月日欄

那須郡七合村菊田春吉妹大正拾年拾月拾八日松本平太郎ト婚姻
届出仝日入籍㊞

妻

父	菊田藤吉
母	キク
	長女

ヨシ

出生 明治参拾五年四月弐拾日

那須郡狩野村拾番地ニ於テ出生父松本平太郎届出大正拾年拾壱
月弐拾壱日受附入籍㊞
高橋フクと婚姻妻の氏を称する旨届出昭和弐拾年拾弐月拾参日
福島縣四郷村長受附同月拾五日送付福島縣西白河郡西郷村壱番地
に新戸籍編製のため除籍㊞

長男

父	松本平太郎
母	ヨシ
	長男

~~平吉~~

出生 大正拾年拾壱月弐拾日

戸主との続柄欄

❷ 現行戸籍

昭和22年に公布された新民法に基づき調整された昭和23年以降の戸籍を「現行戸籍」といいます。

昭和23年式によるバインダー式の戸籍謄本と平成6年法務省令第51号に基づきコンピュータ化された戸籍事項証明書の2種類があります。コンピュータ化している場合には、改製前の記載事項が移記されない事項もあるため、改製原戸籍も合わせて確認する必要があります。

現行戸籍は一の夫婦と同氏の未婚の子、未婚の親と子、外国人と婚姻した者とその子によって編製されます。旧法戸籍のように、複数の家族が一緒に記載されることはありません。これを三代戸籍の禁止といいます。

戸籍には「戸主欄」「前戸主欄」がなくなり、「筆頭者氏名欄」が設けられました。戸籍は本籍と筆頭者で区別されますが、戸籍筆頭者には戸主が有していたような民法上の権利義務は全くありません。いわば、筆頭者は戸籍の見出しであると考えればよいでしょう。

そのため、筆頭者が死亡しても新戸籍に作り替えられる原因とはならず、戸籍に記載されている人が存在する限り、筆頭者が死亡した記載のまま戸籍は継続します。

なお、現行戸籍の記載例は48頁を参照してください。

●昭和改製の大事業

昭和22年5月3日に新憲法が施行され、これに遅れて昭和23年1月1日に新民法が施行され、戸籍法も改正されました。

大正4年式戸籍から現行戸籍となる昭和23年式戸籍への改製は、民法改正に基づくもので、「家」単位だった戸籍を、「一の夫婦とこれと氏を同じくする未婚の子」を単位にする大事業でした。

本来、戸籍の改製とは、法律や命令の改正に伴って新しい戸籍の様式に全て作り替えることです。しかし、改製直後は敗戦後の混乱期。価値観の変容への混乱や反発、国家の経済事情もあいまって、一斉に切り替えすることは困難でした。そのため、長い年月をかけて戸籍の改製が行われました。これを昭和改製といいます。

① 新憲法施行から戸籍法改正までの期間

まず、昭和22年に新憲法が施行され、新憲法と旧民法の家族制度は相容れない状態になりました。そこで新憲法の施行と同時に「日本国憲法の施行に伴う民法の応急措置に関する法律」が施行されました。この第1条には「家及び家族に関する規定はこれを適用しない」と規定し、家制度を適用していた戸籍制度については、「家とあるところを戸籍と読み替える」との戸籍通達が出され、従前の戸籍を継続しました。

② 改正戸籍法施行から10年間

翌昭和23年新民法施行とともに戸籍法も改正され、家族制度の廃止によって、戸籍の族称欄は廃止されました。しかし、新法施行から10年間は、家を単位として編製された旧法基準の戸籍であっても、そのままこれを新しい戸籍とみなし、すぐに作り替えなくてもよいこととしました。ただし、婚姻など新たな身分行為が生じたときには、その都度、新法基準の様式で新しい戸籍を作成することになります。

③　改正戸籍法施行から10年経過後（第一次改製）

10年が経過すると、三代戸籍禁止の新法基準での戸籍の改製作業が始まります。ただし、この時点で、既に夫婦と子どもしかいない戸籍になっているものがあれば、戸籍の中身自体は「一の夫婦と同氏の未婚の子」という新法基準と合致しているので、その戸籍に「昭和32年法務省令第27号により昭和33年6月1日本戸籍改製」などと記載して、そのまま新しい戸籍とみなして継続使用しました。

中には、父が戸主で、子と叔父夫婦が在籍する戸籍というケースもあります。この場合には、父と子の戸籍から叔父夫婦を除籍し、叔父夫婦には新基準の戸籍を作成します。残った父と子の戸籍は、戸主の「事項欄」にその旨を記載するだけで、古い用紙のまま新しい戸籍とみなして継続使用することができました。

これらの改製を「第一次改製」又は「強制改製」といいます。全ての戸籍をくまなく新しい用紙に書き換えをしたわけではないため、「簡易改製」と呼ぶこともあります。

④　第一次改製後の大正４年式戸籍（第二次改製）

第一次改製を終えた戸籍は、新法基準とみなして継続使用している大正４年式戸籍と現行戸籍の二種類の戸籍が混在しています。このままだと支障が生じるため、改製と記載しただけで新戸籍とみなしていた大正４年式戸籍が、現行戸籍に作り直されました。これを、「第二次改製」又は「任意改製」といいます。任意改製では戸籍に「昭和33年6月1日改製につき昭和32年法務省令第27号により昭和××年××月××日新たに戸籍を編製したため本戸籍消除」と記載されます。

第一次改製は昭和36年3月までに、第二次改製は昭和41年3月には事実上終了したといわれています。

大正4年式戸籍は、改製原戸籍として確認する機会の多い戸籍です。戸籍事項の内容に分かりづらいことがあったときは、このような歴史的背景があったことを思い出してみましょう（一〇八頁参照）。

❸ コンピュータ化戸籍

平成6年の戸籍法改正により、戸籍のコンピュータ化が認められ、戸籍の様式や名称も改められました。コンピュータ化前は文章形式で記載されていた戸籍事項欄・身分事項欄は、事項ごとに項目化し簡潔な内容で記入されることになっています。

コンピュータ化され、昭和23年式戸籍が改製原戸籍になったものは、「平成原戸籍」（「へいせいはらこせき」）と呼ばれることがあります。

なお、戸籍の全部事項証明書の記載例は52頁を参照してください。

3　戸籍の編製・戸籍の消除とそれらの原因

❶ 戸籍の編製と編製原因

戸籍の編製とは、戸籍を新しく作成することをいいます。戸籍を編製する必要のある場合について、旧法戸籍と現行戸籍とで大きく異なりますので、場合分けをして解説します。

(1) 旧法戸籍（明治31年式、大正４年式）の場合

ア　旧法戸籍が編製される場合

旧民法（明治31年制定）は、現行の民法と異なり、「家」制度を重視していました。そのため、家は戸主と家族からなり、戸主は家督相続によって順次継承され、子々孫々まで引き継がれていくものとされていました。このような考え方は、現在でも高齢の方に多いのですが、それは旧民法の規定からすれば当然のことだったのです。旧戸籍も、このような旧民法の考え方に合致するように作成されていました。

戸籍は、戸主を中心にして編製され、戸主が交代すれば、前戸主の戸籍は消除され、新しい戸主の戸籍が編製されました。また、新しい家が設立されれば、新しく戸主を定めてその家の新戸籍が編製されました。

イ　旧法戸籍の編製原因

以上のような「家」制度を重視する旧戸籍法では、新戸籍編製原因は次のようなものとされていました。

① 家督相続

戸主が交代すると、その新戸主を筆頭とする戸籍が新しく作られます。

② 分家

当事者の意思による家の設立によって、戸籍が新しく作られます。

③ 一家の創立

嫡出でない子が、父の家にも母の家にも入れない場合など、法定の原因による家の設立によって、戸籍が新しく作られます。

④ 廃家《はいか》又は絶家《ぜっけ》の再興

当事者の意思による家の設立。消滅した家を復活させて、その家の氏を称することです。家名のみの承継であり財産を承継するものではありません。

⑤ 他市区町村からの転籍

⑥ 戸籍の改製

戸籍の編製原因は、戸主の事項欄に記載されています。ただし、明治31年式戸籍では、戸籍の編製原因のうち、⑤他市区町村からの転籍と、⑥戸籍の改製以外の編製原因は、戸主の事項欄ではなく、「戸主ト為リタル原因及ヒ年月日欄」に記載されています。⑤他市区町村からの転籍と、⑥戸籍の改製は、従前の戸籍内容のとおりに作成されるにとどまります。

戸籍の事項欄（戸籍に掲載される者の名前の上にある、縦書き便箋のような部分（82頁参照））には、その者の過去から現在までに発生した身分事項、例えば出生、婚姻、家督相続、養子縁組などの記載がされています。この部分を見ると、それらの事項を理由として戸籍が編製や消除されたことが分かります。ただし、現行戸籍法で戸籍の編製原因とされている「婚姻」は、旧法戸籍では編製原因とされていません。これは、「嫁」という漢字があるとおり、婚姻で家に入るだけという家制度が重視された結果であり、その影響で旧法戸籍では、漢字で「婦」と表記されます。

(2)　現行戸籍の場合

ア　現行戸籍が編製される場合

前述した家制度を重視する旧民法では、家を統括する戸主の権限があまりに強く、終戦により新しく制定された日本国憲法24条（家庭生活における個人の尊厳と両性の本質的平等）等に反するとして、「日本国憲法の施行に伴う民法の応急的措置に関する法律」により、日本国憲法の施行（昭和22年5月3日）をもって廃止されました。

民法自体も昭和22年に新民法が公布され、これに合わせて昭和23年に現行の戸籍法が施行されました。その結果、現行戸籍では、戸主や家督相続などの概念が排除されました。

現行戸籍の編製原因は、消除原因と同様に、その原因と年月日を「戸籍事項欄」（48頁参照）に記載しなければなりません。そこには、その戸籍内の各人に共通する戸籍全体に関わる事項が記載されます。つまり、全ての戸籍の戸籍事項欄には、その戸籍の編製事項が記載されているのです。

《コラム》無戸籍の子どもたち（現行戸籍での戸籍編製原因に関して）

戸籍編製事由の一つに、無戸籍の子ども（棄児）などがいる場合があります。出生届を出すのだからそういう子どもはいないのではないか、と思う方も多いと思います。しかし、実は母親が生まれた子どもの出生届を出さない（正確にいうと出したがらない）場合があります。

例えば、夫婦関係が冷え切って、妻が夫以外の男性の子どもを出産した場合です。この場合、後に夫婦が離婚して、妻がその男性と結婚しても、その子どもは、その男性を遺伝上の父親として登録できません。そのまま出生届を出すと、離婚後三〇〇日以内に生まれた子どもは、前の夫の子供と推定するという規定がある（民法七七二条2項）ため、前の夫の子どもとされてしまうのです。これを離婚後三〇〇日問題と言います。

平成26年7月17日の最高裁判決も、嫡出推定規定は、子の身分の法的安定性を保持するのに合理的であると指摘しました。科学的証拠で生物学上の父子関係がないことが明らかになっても、法的安定性の保持は必要であると判断し、法律上の父子関係と生物学上の父子関係が一致しないことも民法は容認していると結論づけ、DNA鑑定で実の親子関係にないと判明した事案でも、民法の嫡出推定規定がDNA鑑定の結果よりも優先するとしました。

遺伝上の父親の子として認めてもらうためには、現行制度上、前の夫に、この子は自分の子ではないということを主張してもらう必要があります。しかし、夫婦関係が冷え切って、しかも離婚した場合には、心情的に協力を求めることもできないでしょうし、協力を得ることも難しいと思います。このような嫡出否認の訴え（民法七七二条）は前の夫からしかできないということが、憲法14条1項の男女平等に反して違憲であるという訴訟が神戸地方裁判所に起こされましたが、平成29年11月29日に違憲ではないという判断が示されました。こういう事情から、母親が子どもの出生届を出さないことがあるのです。

これを解決するには、戸籍未届けのまま、母が子を代理して遺伝上の父に対して認知を求める訴えを提起し、DNA鑑定などを証拠で提出するなどして、その勝訴判決と併せて出生を届け出ることで、遺伝上の父を戸籍に記載するという方法があります。ただ、裁判というコストや手間のかかる手続が必要となります。

そうはいっても生殖補助医療の発達や、家族間の多様化などをふまえて、これまでの親子関係の規定の見直しについて、現在議論がされております（嫡出推定制度を中心とした親子法制の在り方に関する研究会）。ただ、この結論が出るまでには、まだ時間がかかりそうです。

※戸籍法施行規則34条

左に掲げる事項は、戸籍事項欄にこれを記載しなければならない。

一　新戸籍の編製に関する事項

二　氏の変更に関する事項

三　転籍に関する事項

四　戸籍の全部の消除に関する事項

五　戸籍の全部に係る訂正に関する事項

六　戸籍の再製又は改製に関する事項

なお、昭和54年12月1日までは、「戸籍事項欄」に戸籍の編製原因と編製日が記載されていましたが、「身分事項欄」を見れば戸籍の編製原因は明らかなため、昭和54年12月1日以降、改正によって編製原因は記載されなくなりました。

イ　現行戸籍の編製原因

現行戸籍で新戸籍編製原因とされているのは、次のような場合です。主に新しく世帯ができた場合や、一つの戸籍に三世帯が在籍するような事態が生じる場合です。あくまでも夫婦一組を一つの戸籍とするという考え方です。

①　日本人同士の婚姻の届出があったとき、夫婦について新戸籍を編製します。ただし、夫婦が、婚姻の際に、夫の氏を称する場合には夫、妻の氏を称する場合に妻が戸籍の筆頭者である時を除きます。

なお、再婚に関して、従前女性は前婚の解消又は取消しの日から起算して６か月は原則再婚できないという規定がありましたが、平成28年６月７日公布・施行の民法改正により、この再婚禁止期間が一〇〇日に短縮されるとともに、同再婚禁止期間内でも①前婚の解消又は取消しの時に懐胎していなかった場合、又は②前婚の解消又は取消しの後に出産した場合には再婚できることとなりました。これにより再婚禁止期間内に再婚する場合には、戸籍における妻の身分事項欄にも、根拠規定である民法七三三条２項による婚姻である旨が記載されることになります。

(例) A男とB女が婚姻しA男の氏を称する届出をした場合、A男を筆頭者とする夫婦の新戸籍が編製されます。ただし、A男が既に親の戸籍から分籍していたなど、既にA男を筆頭者とする戸籍が作成されている場合は、婚姻による新戸籍は編製されず、従前のA男を筆頭者とする戸籍にB女が入籍します。

② 日本人と外国人との婚姻の届出で日本人が筆頭者でないとき、その日本人について新戸籍を編製します（第４章一八七頁以下参照）。

(例) 父親の籍に入っている娘が外国人（日本国籍のない人）と婚姻した場合、その娘を筆頭者とする新戸籍が編製されます。婚姻相手の外国人は日本国籍がないので、戸籍には記載されず、その娘の新戸籍の身分事項欄に、「いつ、外国人の誰と婚姻した」旨の記載がされます。

なお、昭和25年7月1日から昭和59年12月31日までは、筆頭者でなくても新戸籍が編製されず、娘の身分事項覧に外国人との婚姻事項が記載されているだけでした。

③　戸籍の筆頭に記載した者及びその配偶者以外の者がこれと同一の氏を称する子又は養子を有するに至ったときは、その者について新戸籍を編製します。

(例) 父親の籍に入っている娘が非嫡出子を出生しあるいは養子をもらった場合、非嫡出子や養子をそのまま入籍させてしまうと、一つの戸籍に三世帯が在籍することとなります。そのため、娘を筆頭者とする娘と子（あるいは養子）の新戸籍が編製されます。

④　婚姻又は養子縁組によって氏を改めた者が、離婚、離縁又は婚姻若しくは縁組の取消しによって、婚姻又は縁組前の氏に復するときに、婚姻又は縁組前の戸籍が既に除かれているとき、又はその者が新戸籍編製の申し出をしたときは、新戸籍を編製します。

(例) まずA男とB女とが婚姻し、B女はA男の氏に改めてA男を筆頭者とする戸籍を新たに編製します。その後に離婚した場合、B女は原則として婚姻前の戸籍に復籍しますが、婚姻前の戸籍が父母の死亡などで全員除籍となって消除されている場合や、戸籍があってもB女から新戸籍編製の申し出がある場合は、婚姻前のB女の氏で新戸籍が編製されます。

⑤　夫婦の一方が死亡して生存配偶者が婚姻前の氏に復する場合、あるいは氏を変更した子が成人して従前の氏に復する場合、新戸籍を編製します。

例　夫の死亡により、妻は婚姻前の氏に復する届出をします。また、氏を改めた未成年の子は成人後1年以内に従前の氏に復する届出をします（成年に達した時から1年以内に所定の届出によって、従前の氏に復することができます）。これらの場合、原則として従前の戸籍に復することになりますが、その従前の戸籍が消除されている場合や新戸籍編製の申し出がある場合は、婚姻前の氏又は従前の氏で新戸籍が編製されます。

⑥　離婚（離縁）又は婚姻（縁組）の取消しの際に称していた氏を称する旨の届出が離婚（離縁）後3か月以内にあった場合において、その届出をした者を筆頭とする戸籍が編製されていないとき、又はその者を筆頭者とする戸籍があっても他に在籍者がいるときは、新戸籍を編製します。

例　A男とB女が離婚し、B女は婚姻前の氏に戻りましたが、離婚後3か月以内に氏をA男の姓に変更する旨の届出をします（離婚後3か月以内であれば家庭裁判所の許可なく届出のみで氏を婚姻時の姓に変更できます。養子の場合も同様）。このときB女が戸籍の筆頭者で他に在籍者がいなければ、戸籍の氏名欄が婚姻前の氏から婚姻時の氏に更正されるだけで新戸籍は編製されませんが、戸籍の筆頭者でなければB女を筆頭者とする戸籍が編製されます。また、B女が戸籍の筆頭者であっても例えば子どもが同籍している場合、子どもに氏の変更の効果は及ばず、B女は婚姻中の氏（A男の姓）を名乗り、子どもは婚姻前の氏（婚姻前のB女の姓）を名乗ることになるため、B女は氏の変更による戸籍を新たに編製し、A男の姓を称します（子どもは元の戸籍に在籍するため親子の戸籍と氏が別々となってしまいますが、このとき子どもは氏を変更したB女の新戸籍に同籍する旨の入籍届により、戸籍だけでなく氏も同一とすることが可能です）。

なお、離婚の届出と同時に婚姻中の氏を称する届出をした場合、常にその者について新戸籍を編製します。

⑦ 配偶者のある者が縁組や離縁などによって氏を改めるときは、その夫婦について新戸籍を編製します（第4章一四六頁以下参照）。

(例) A男がある夫婦と養子縁組を行い養親姓に改姓します。養子は養親の戸籍に入籍しますが、養子A男に既に配偶者がいる場合、A男夫婦と養親夫婦は一つの戸籍に同籍できないため、A男夫婦は新戸籍を編製し、そこで養親の氏を称します。

⑧ 外国人と婚姻をした者が、外国人の配偶者の氏に変更する届出があった場合、あるいはその者が離婚して元の氏に変更する届出があった場合で、その届出をした者の戸籍にある者が他にあるときは、その届出をした者について新戸籍を編製します（第4章一八七頁以下参照）。

例　外国人と婚姻をしたB女がその氏を配偶者A男の氏へ変更する届出をします（婚姻の日から6か月以内に限り、家庭裁判所の許可を得ないでその旨を届け出ることができます。また、この届出により氏を変更したB女が離婚、婚姻の取消し又はA男の死亡の日以後にその氏を変更前の氏に変更しようとするときは、B女は、その日から3か月以内に限り、家庭裁判所の許可を得ないでその旨を届け出ることができます）。このとき、⑥で述べたとおり、氏の変更の効果は子どもには及ばないため、B女は新たに氏の変更による新戸籍を編製します（⑥と同様に、子どもはそのまま元の戸籍に在籍するので親子の戸籍と氏が別々となってしまいますが、子どもは氏を変更したB女の新戸籍に同籍する旨の入籍届けにより、戸籍だけでなく氏も同一とすることが可能です）。

⑨　父又は母が外国人である者（戸籍の筆頭に記載した者又はその配偶者を除く）でその氏をその父又は母の称している氏に変更しようとする者の届出があるときは、新戸籍を編製します。

例　戸籍の筆頭者でない子が外国人の親の称している氏への変更を希望する場合、家庭裁判所の許可を得て氏の変更を行い、新戸籍を編製します（この場合、⑧と異なりもう一方の日本人の親は元の戸籍に在籍したままなので、親子の戸籍と氏は別々となります）。

⑩　特別養子縁組の届出があったとき、まず養子について新戸籍を編製します。ただし、養子が養親の戸籍に在るときは、この限りではありません。

特別養子は、養親の嫡出子である実子と同じように養親の戸籍に記載され、一見して特別養子であることが分からないようになっています。これは特別養子であることを知られたくない人が多いことによります。そのため、実親戸籍から一旦、特別養子となる子単独の新戸籍が作成されて、そこには身分事項欄に特別養子の旨の記載がされます。そして、そこから養親戸籍に記載され、そこで特別養子の文言が記載されないようになっています。

詳細は、第4章一五七頁以下で説明します。

⑪ 性同一性障害者の性別の取扱いの特例に関する法律の規定による性別の取扱いの変更の審判があった場合において、当該性別の取扱いの変更の審判を受けた者の戸籍に記載されている者（その戸籍から除かれた者を含む）が他にあるときは、当該性別の取扱いの変更の審判を受けた者について新戸籍を編製します。

性同一性障害者の性別の取扱いが審判で変更となった場合、その者が戸籍の筆頭者であって他に在籍者がいない（過去に在籍していて現在除籍された者さえもいない）時は、新戸籍は編製されず、審判を受けた者の身分事項欄に性別取扱い変更に関する事項が記載されます。しかし、他に在籍者がいた場合、その戸籍から審判を受けた者を一旦除籍して、新しく戸籍を作成します。

詳細は第4章一九五頁以下で説明します。

⑫ 分籍の届出があったときに、新戸籍が編製されます。

成年に達した者で、戸籍の筆頭に記載した者及びその配偶者以外の者は、分籍をして新たに自己を筆頭者とする戸籍を作るよう届け出ることができます。

⑬　父又は母の戸籍に入る者を除くほか、戸籍に記載がない者について新たに戸籍の記載をすべきときは、新戸籍を編製します。

入るべき戸籍がない帰化者、未就籍者・棄児の各届出がある場合です。日本人でありながら父母が判明せず、出生届の提出も不明なため、戸籍の存否が分からない者のうち、乳幼児を「棄児」、それよりも高い年齢者を「未就籍者」といいます。

最近では、認知症で徘徊し施設に保護された者の住所氏名が不明の場合、その者について仮の氏名で新戸籍を編製することがあります。

⑭　他市区町村からの転籍

他の市区町村から転籍してきた場合、新しく戸籍が作成されます。これは、戸籍に関する事務を市区町村長が管掌していることによります。しかし、その内容は転籍前のものと同一です。そのため、戸籍編製原因ではありますが、本来の新戸籍の編製ではありません。

⑮　戸籍の改製

戸籍を新たに作り直すとき、新戸籍が作成されますが、これも作り直す前の戸籍と内容は同一です。そのため、戸籍編製原因ではありますが、本来の新戸籍の編製ではありません。

❷　戸籍の消除と消除原因

(1)　旧法戸籍の場合

ア　旧法戸籍が消除される場合

❶で解説しましたとおり、旧民法では「家」制度を重視していたことから、戸籍も「家」制度に合致するように作成されています。

戸籍が消除されるということは、家がなくなるということ、つまり戸主の承継がされず、家に所属する者がいなくなったということを意味します。

イ　旧法戸籍の消除原因

「家」制度を重視する旧戸籍法では、戸籍消除原因は次のようなものとされていました。

① 家督相続

戸主の交代によって、前戸主の戸籍は消除されます。

② 廃家《はいか》

戸主のみが行える法律上の家を消滅させる身分行為で、家に在籍していた者は他の家に入ることとなります。

③ 絶家《ぜっけ》

家督相続が開始したが、その家の家督相続人がいないために、家が自然に消滅します。江戸時代の大名の「世継ぎがないためにお家断絶」と同じイメージです。

④ 嫡出でない子が、母の家に入ることができないために一家を創設した後、父が認知をすることで父の家にその者が入った場合。

⑤ 他市区町村への転籍

他市区町村へ転籍すると、転籍先で新しい戸籍が作成され、転籍前の戸籍は消除されます。ただし、転籍先の戸籍は、転籍前の戸籍と同一の内容ですから、戸籍消除原因ではありますが、本来の戸籍の消除ではありません。

⑥　戸籍の改製

戸籍を新たに作り直すと、それまでの戸籍は不要となるので消除されます。ただし、改製後の戸籍は、改製前の戸籍と同一の内容ですから、戸籍消除原因ではありますが、本来の戸籍の消除ではありません。

(2)　現行戸籍の場合

現行戸籍では、次のとおり定められています。

①　戸籍の全員が死亡その他の身分変動により除かれた場合

戸籍法第16条から第21条の規定（前述した「現行戸籍の編製原因」）によって、新戸籍を編製され、又は他の戸籍に入る者は、従前の戸籍から除籍されます。死亡し、失踪の宣告を受け、又は国籍を失った者も、同様です。その結果、戸籍から全員除かれてしまった場合、戸籍を存続させておく意味がありませんので、消除されます。

②　他市区町村への転籍

他市区町村へ転籍すると、転籍先で新しい戸籍が作成され、転籍前の戸籍は消除されます。ただし、転籍先の戸籍は、転籍前の戸籍と同一の内容ですから、戸籍消除原因ではありますが、本来の戸籍の消除ではありません。

③　戸籍の改製

戸籍を新たに作り直すと、それまでの戸籍は不要となるので消除されます。ただし、改製後の戸籍は、改製前の戸籍と同一の内容ですから、戸籍消除原因ではありますが、本来の戸籍の消除ではありません。

❸ 戸籍の改製とその原因

(1) 戸籍の改製とは

戸籍の改製とは、戸籍の様式が法律又は命令によって改められた場合、この法律又は命令に合致するように、従前の戸籍を新しい様式に改めることをいいます。従前戸籍と新しい戸籍とは、様式のみを改めることから、内容は同一となります。

しかし、改製に際して、その改製の時点で戸籍に在籍する者のみを新しく編製する戸籍に記載する一方、その改製の時点で既に婚姻・死亡・養子縁組等で除籍されている者は新しい戸籍には記載されません。

このとき改製によって消除された従前の戸籍のことを「改製原戸籍」といいます。「改製する際に元となった戸籍」という意味です。

(2) 改製の原因とその時期

ア　改製の原因

戸籍が改製されるのは、前述したように、戸籍の様式が法律又は命令によって改められた場合です。

明治31年式戸籍（改製前）

本籍地	京都市伏見区魚屋町五百八拾五番地
	西村文子ト婚姻届出大正九年九月弐日受附㊞
	昭和拾六年六月七日改製ニ付キ本戸籍ヲ抹消ス㊞
前戸主	酒田　敬之
前戸主トノ続柄	亡酒田敬之　長男
父	亡酒田敬之

改製により抹消

大正4年式戸籍（改製後）

本籍	京都市伏見区魚屋町五百八拾五番地
	明治四拾壱年参月八日前戸主酒田敬之死亡ニ因リ家督相続同日
	受附㊞
	西村文子ト婚姻届出大正九年九月弐日受附㊞
	司法大臣ノ命ニ依リ昭和拾六年六月七日本戸籍ヲ改製ス㊞
前戸主	酒田　敬之
前戸主トノ続柄	亡酒田敬之　長男
父	亡酒田敬之

改製により編製

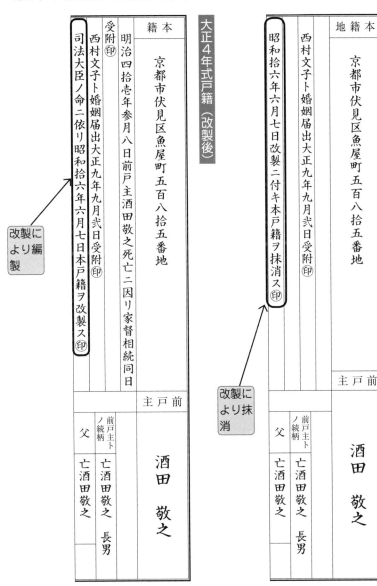

イ　改製の時期とその内容

(ア)　明治31年式戸籍から大正4年式戸籍への改製

大正4年1月1日に新しい戸籍法が施行されたことから、明治31年式戸籍を編製替えする必要が生じました。

具体的には、明治31年式戸籍の特徴であった、「戸主ト為リタル原因及ヒ年月日欄」が廃止され、この内容が戸主の事項欄に記載されるように変更となりました。また、「家族トノ続柄欄」については、明治31年式戸籍の戸主以外全てに設けられていた様式から、必要な場合のみ設ける形になりました。

戸籍では、明治31年式戸籍には、「戸主の事項欄」に「○年○月○日改製ニ付キ本戸籍ヲ抹消ス」と表記され、大正4年式戸籍には、「戸主の事項欄」に「司法大臣ノ命ニ依リ○年○月○日本戸籍ヲ改製ス」と表記されます。

ただし、編製替えが必要とはいえ、大正4年1月1日施行の戸籍法一八四条1項で、明治31年式戸籍法の規定による戸籍でも大正4年1月1日施行の戸籍法規定の戸籍としての効力を認めていました。そのため、早急に戸籍を改製することまでは必要とされていませんでした。

その結果、各市町村によって大正4年式戸籍への改製時期がまちまちとなり、そのまま現行戸籍に改製されたものもあります。

(イ)　大正4年式戸籍から現行戸籍への改製

終戦後、民法では家制度が廃止されました。この新民法に基づいて昭和23年1月1日に現行の戸籍法が施行されたので、大正4年式戸籍と、改製されていない明治31年式戸籍を改製する必要が生じました。

具体的には、同一戸籍内の各人に共通する事項を記載する事項として、「筆頭者氏名欄」と「戸籍事項欄」を新たに設け、この「戸籍事項欄」にその戸籍の編製日と消除日が記載されるようになりました。明治31年式戸籍から大正4年式戸籍への改製のように、様式を編製替えするだけではなく、家制度の廃止に伴い、それまでの戸主を中心とする家単位の戸籍から、「夫婦及び氏を同じくする子を単位とする戸籍」に変更することになります。そのため、一つの旧法戸籍を、現行戸籍法の戸籍編製基準である「一つの夫婦及びこれと氏を同じくする子」の単位になるよう、一つないし複数に分割して編製替えする作業が必要となります。

民法が改正された以上、戸籍も速やかに改製しなければなりませんでしたが、終戦後の混乱期にこのような大々的な戸籍の改製をするのは困難でしたので、「市区町村長は、昭和33年4月1日に改製の事務に着手し、すみやかにこれを完了しなければならない」として、10年間は旧戸籍法の戸籍は新法による戸籍としての効力が認められていました。

ウ　戸籍の簡易改製

現行の戸籍法が施行され、それに伴い戸籍を改製する必要が生じ、実際に現行戸籍法が施行されて10年経過した昭和33年4月1日より、改製作業が始まりました。作業の内容は、一つの旧法戸籍を、現行戸籍法の戸籍編製基準である「一つの夫婦及びこれと氏を同じくする子」の単位になるよう、一つないし複数に分割して編製替えすることでした。

しかし、旧法戸籍であっても、改正前の在籍者の形態が新法の戸籍編製基準に合致している場合に、あ

改製原戸籍（改製前）

本籍　京都市山科区音羽前出町四拾番地

明治四拾弐年七月拾九日出生届出同日受附㊞

大正七年拾月七日前戸主啓介死亡ニ因リ家督相続届出同年拾月拾壱日受附㊞

高塚ヨシト婚姻届出昭和七年六月六日受附㊞

昭和参拾弐年法務省令第二十七号により昭和参拾五年六月弐日本戸籍改製㊞

昭和参拾弐年法務省令第二十七号により昭和参拾七年九月拾九日あらたに戸籍を編製したため本戸籍消除㊞

（婚姻事項省略）

昭和弐拾八年参月拾壱日本籍にて死亡同居の親族近藤啓一届出同月拾参日受附除籍㊞

前戸主　近藤　啓介

戸主　近藤　啓一

前戸主トノ続柄　亡近藤啓介　長男

父　亡近藤啓介

母　カネ

長男

出生　明治四拾弐年七月拾九日

母　カネ

父　亡大島進一郎

母　亡　コウ

二女

出生　明治拾八年四月壱日

簡易改製

昭和37年9月19日任意改製により戸籍消除・新戸籍編製

〈戸籍の記載者〉

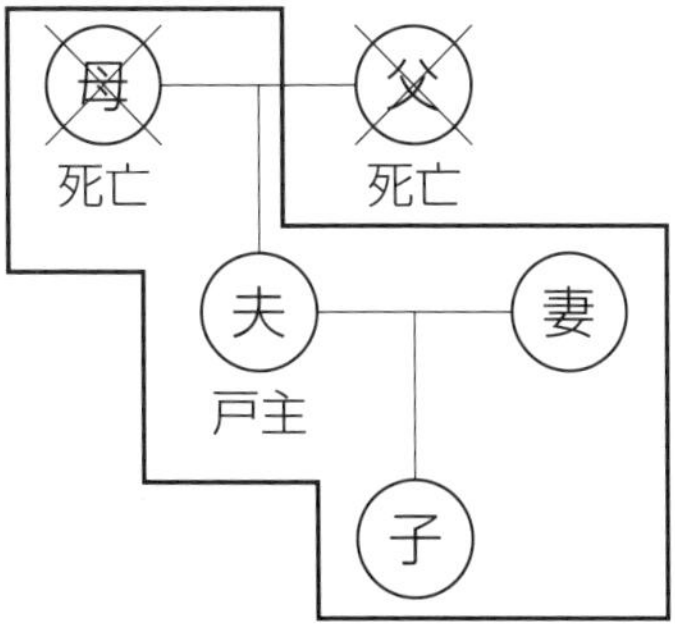

戸籍の在籍者が「一の夫婦及び氏を同じくする子」（夫・妻・子）であるため簡易改製（編製替えを省略）

京都市東山区丸山町五百番地戸主高塚孝治長女昭和七年六月六日近藤啓一ト婚姻届出同日入籍㊞

（出生事項省略）

	妻	長男
父	高塚孝治	近藤啓一
母	ミツ	ヨシ
続柄	長女	長男
名	ヨシ	啓助
出生	明治四拾参年四月六日	昭和八年八月拾七日

えて現行戸籍に編製替えをせずとも問題とはなりません。そこで、かかる場合には、戸主（筆頭者）の事項欄に、改製事由を記載して、改製済みの効力を生じさせ、編製替えを省略しました。

例えば、夫婦とその子ども、そして夫の母が一つの戸籍に入っていて、夫が戸主の場合、夫の母が既に死亡して除籍しているのであれば、現状では一つの戸籍に「一つの夫婦及びこれと氏を同じくする子」がいますので、現行戸籍法の戸籍編製基準に合致しますから、この場合は戸主の事項欄に改製事由を記載して改製済みの効力を生じさせることができました。

エ　戸籍の簡易改製と任意改製

前述した簡易改製された戸籍は、編製替えをしたことになります。しかし、簡易改製をした戸籍は、様式は旧様式のままです。これを名実ともに現行戸籍にするために、現行戸籍の様式で戸籍を編製替えすることが認められていました。しかし、この編製替えは各市区町村の任意とされていましたので、簡易改製した戸籍を現行戸籍の様式に改製することを「任意改製」と呼びます。

また、旧法戸籍のままでは新法の戸籍編製基準に合致しない人も一緒に在籍している場合、その基準に合うように除籍等をしてその除籍者のために新たに現行様式の戸籍を編製し、その筆頭者の戸籍事項欄に改製の事由が記載されます。例えば、前述した夫婦と子と夫の母が一つの戸籍にある場合で、まだ夫の母が存命であったとしたら、まず夫の母を除籍して、夫の母を現行様式で筆頭者とする戸籍を作成します。

そして、従前戸籍には戸主の事項欄に改製の事由を記載し、戸籍の編製替えをせずに簡易改製します。その戸籍を、後日、任意改製によって編製替えをすることができます。なお、任意改製は昭和41年3月までに事実上完了したと言われています。

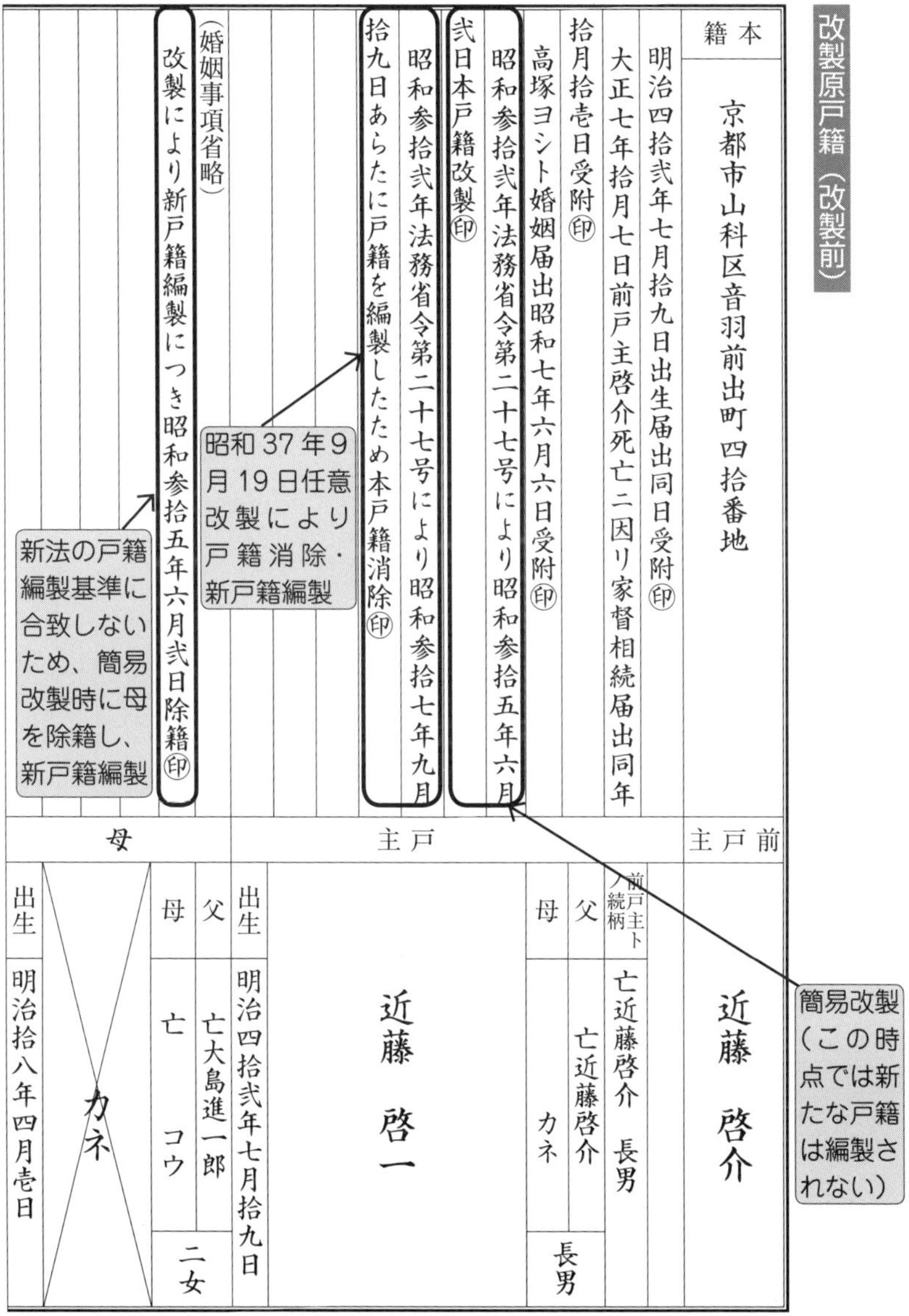

本籍　京都市山科区音羽前出町四拾番地

明治四拾弐年七月拾九日出生届出同日受附㊞

大正七年拾月七日前戸主啓介死亡ニ因リ家督相続届出同年拾月拾壱日受附㊞

高塚ヨシト婚姻届出昭和七年六月六日受附㊞

昭和参拾弐年法務省令第二十七号により昭和参拾五年六月弐日本戸籍改製㊞

昭和参拾弐年法務省令第二十七号により昭和参拾七年九月拾九日あらたに戸籍を編製したため本戸籍消除㊞

（婚姻事項省略）

改製により新戸籍編製につき昭和参拾五年六月弐日除籍㊞

前戸主　近藤　啓介

戸主　近藤　啓一
前戸主ト続柄　亡近藤啓介　長男
父　亡近藤啓介
母　カネ　長男
出生　明治四拾弐年七月拾九日

母　カネ
父　亡大島進一郎
母　亡　コウ　二女
出生　明治拾八年四月壱日

京都市東山区丸山町五百番地戸主高塚孝治長女昭和七年六月六日近藤啓一ト婚姻届出同日入籍㊞

（出生事項省略）

	妻	長男
父	高塚孝治	近藤啓一
母	ミツ	ヨシ
続柄	長女	長男
名	ヨシ	啓助
出生	明治四拾参年四月六日	昭和八年八月拾七日

母の改製後戸籍

本籍	京都市山科区音羽前出町四拾番地
氏名	近藤　カネ

昭和参拾弐年法務省令第二十七号により昭和参拾五年六月弐日同所同番地近藤啓一戸籍から本戸籍編製㊞

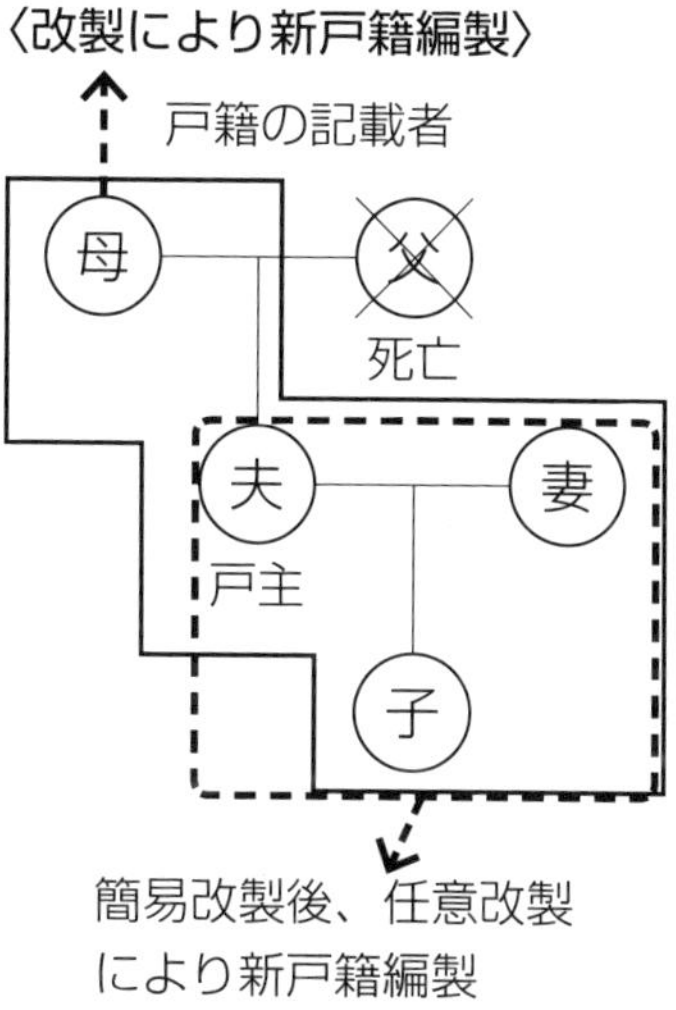

新法の戸籍編製基準に合致しない母は除籍して新戸籍編製。「一の夫婦及び氏を同じくする子」である夫・妻・子は簡易改製により編製替えを省略し、その後任意改製

❹ 戸籍の再製とその原因

(1) 戸籍の再製とは

戸籍の滅失あるいは滅失のおそれによる再製の場合と、申し出による戸籍の再製、そして後見又は保佐の登記の通知による戸籍の再製があります。

(2) 戸籍の滅失あるいは滅失のおそれによる再製の場合

戸籍・除籍及び原戸籍の再製には、戸籍の一部又は全部が滅失して、これを滅失前の戸籍に回復させる場合と、戸籍の一部又は全部が滅失のおそれがあるときに、これを新しい用紙に移し替える場合とがあります。戸籍が滅失する原因は、火災や水害、虫害、盗難、紛失、破損などです。なお、滅失のおそれあるときとは、長期間の擦れや汚れ等で文字が判読できなくなる事態が予想される時をいいます。

この場合、戸籍上は、何年何月何日に発生した原因でいつ再製されたのかが記載されます。なお、滅失のおそれのある場合は、「法務大臣の命により」という記載がされているものがありますが、昭和60年4月5日以降はそのような記載はされていません。

(3) **申し出による戸籍の再製**

申し出による戸籍の再製とは、虚偽の届出等（届出、報告、申請、請求若しくは嘱託、証書若しくは航海日誌の謄本又は裁判をいいます）若しくは錯誤による届出等又は市区町村長の過誤によって記載がされ、かつ、その記載につき戸籍法の規定によって訂正がされた戸籍について、当該戸籍に記載されている者（その戸籍から除かれた者を含みます）から、その訂正に係る事項の記載のない戸籍への再製の申し出があったときに、法務大臣が、その再製について必要な処分、例えば訂正事項が記載されていない戸籍を再製するなどの処分を指示するものです。ただし、再製によって記載に錯誤又は遺漏がある戸籍となるときは、これができないことがあります。

また、市区町村長が記載をするに当たって文字の訂正、追加又は削除をした戸籍について、その戸籍に記載されている者から、その訂正、追加又は削除に係る事項の記載のない戸籍の再製への申し出があったときも、申し出による戸籍の再製ができます。

この制度が作られたのは、仙台市で本人の知らない養子縁組届が青葉区役所に出されたことで発覚した戸籍偽造事件がきっかけです。この戸籍偽造によって不正取得された印鑑証明書や住民票が、盗難車の転売や消費者金融からの借入れに悪用され、本人の知らない婚姻届が提出されるなど同様の事件が全国で相次ぎました。

この場合、実際に婚姻や養子縁組をしていないのですから、後日これらの事項が訂正されたとしても、例えば婚姻の記載に無効を示す「×」印が残り、してもいない婚姻事項が記録として残ってしまい、完全な原状回復には至らず、実際に結婚をする際にトラブルとなる可能性があります。かかる不都合を防ぐために、本人の申し出があれば、完全な原状回復のため新たな戸籍を新しく再製してもらえます。

(4)　後見又は保佐の登記の通知による戸籍の再製

平成12年4月1日から、従来の民法上の禁治産者、準禁治産者の制度に代わり、成年後見制度が創設されました。

それまでの禁治産者及び準禁治産者の制度では、これに該当するとされた者は、戸籍上その旨の記載がされていました。しかし戸籍上記載されるという点で、そもそもこの制度を利用することにためらいを感じる人も多かったようです。

創設された成年後見制度では、禁治産者を成年被後見人、準禁治産者を被保佐人とし、さらに程度の軽い被補助人という制度もあります（法定後見）。また、本人があらかじめ代理人を選んでおき、自己の判断能力が不十分になった場合の財産管理や身上監護を行ってもらう「任意後見契約」を公証人の作成する公正証書で結んでおく任意後見制度が創設されました。そして、従来の戸籍への記載を廃止し、成年後見人などの権限や任意後見契約の内容を登記して公示する成年後見登記制度が新設されました。

そのため、これまで禁治産者や準禁治産者であった者は、それぞれ成年被後見人、被保佐人とみなされ、本人とその配偶者等は、後見・保佐の登記の申請をすることができます。

登記官は、申請に基づいて登記を完了すると、関係する市区町村長にその旨を通知します。通知を受けた市区町村長は、禁治産宣告や準禁治産者宣告に関する記載を本人の戸籍から消すために戸籍の再製を行います。

(5) 戸籍の再製日と戸籍の始期

以上のように戸籍が再製されますと、何月何日に何が原因で再製されたと、その再製された日が戸籍に記載されます。しかし、再製後の戸籍は、原則として従前の戸籍どおり回復又は移記されています。再製された戸籍は、その再製日に新たに編製された戸籍なのですが、従前の戸籍がそのまま回復又は移記されているため、戸籍の始期は従前の戸籍の編製日であり、再製日ではありません。したがって、相続手続において「再製までの原戸籍を取り寄せる」必要はありません。

❺ 戸籍の転籍とその原因

(1) 戸籍の転籍とは

本籍は、人の戸籍上の所在場所で、日本国内でいずれかの市区町村の区域に属することとされています。この戸籍の所在地は、現住所と関係なく自由に定めることができますし、移転させることもできます。このように本籍を移転することを「転籍」といいます。転籍先は日本国内どこでも可能ですから、北海道根室市などの北方領土や、島根県隠岐郡隠岐の島町の竹島、沖縄県石垣市の尖閣諸島を本籍地とすることも可能ですし、実際に本籍地とする人もいます。中には東京都の沖ノ鳥島、皇居や阪神甲子園球場の所在地を本籍地とする人もいます。

(2)　転籍の種類

同一市区町村内の転籍を「管内転籍」といい、他市区町村への転籍を「管外転籍」といいます。

「管内転籍」とは、戸籍事項欄（旧法では戸籍の事項欄）に転籍事項を記載し、本籍欄の表示を更正した上で、その戸籍を新しい本籍の編綴箇所に移転するだけです。ですから、新しく戸籍を編製するとか、除籍の手続をすることはありません。一方「管外転籍」は、転籍先の市区町村で新たに戸籍が編製され、転籍元の市区町村の戸籍は除籍されます。このように管外転籍の取扱いが管内転籍と異なるのは、戸籍に関する事務は、市区町村長がこれを管掌するとされているので、戸籍の保管が各市区町村単位となっているためです。

なお、管外転籍については、その時点で戸籍に在籍する者のみを新しく編製された戸籍に移記し、婚姻や養子縁組、死亡などで除籍された人は移記されません。

(3)　旧法戸籍の転籍

ア　旧法戸籍における管内転籍

旧法でも市区町村が戸籍事務を掌握していました。そのため、同じ市区町村内での転籍では、新戸籍を編製することはありません。

その代わり、「戸主の事項」欄に転籍事項（どこに転籍届出をして、いつそれが受付されたのか）が記載され、「本籍」欄には、従前の本籍地部分を線で抹消して、転籍先が記載されます。そして、同じ市区町村役場の戸籍簿内で新しい本籍の編綴箇所に移し替えられ、引き続き現行戸籍として利用されます。

イ　旧法戸籍の管外転籍

管外転籍の場合は、前述したように、新しい戸籍が編製され、旧戸籍は除籍されます。

旧戸籍では、「戸主の事項」欄に、どこに転籍したことで戸籍が消除されたのかが記載され、本籍欄右上に「除籍」と表記されて、除籍簿に移されます。

新しい戸籍には、「本籍」欄に戸主から届出のあった新しく本籍となった地が記載され、「戸主の事項」欄には転籍事項（どこから転籍届出をして、いつそれが受付されたのか）が記載されます。なお、旧法の管外転籍の場合、旧戸籍に記載されていた事項は、婚姻その他の事由で除籍された者に関するもの以外は、転籍地で新しく編製された戸籍に記載されますので、これまでの身分事項や戸籍編製事項は全て記載されます。このため、新戸籍編製事項に記載のある日付が戸籍編製日よりも前のことがありますので、注意してください。

旧法戸籍での数次にわたる転籍の場合も、旧戸籍に記載されていた事項は、婚姻その他の事由で除籍された者に関するもの以外は、転籍地で新しく編製された戸籍に記載されますので、これまでの身分事項や戸籍編製事項は全て記載されます。そのため、除籍謄本の戸籍の編製日から消除日までを確定するためには、「戸籍事項」欄を慎重に読み取る必要があります。

戸籍の期間は
T５.３.31〜S６.10.15

〈転籍の流れ〉

M34.9.8（分家届出）
↓
M41.6.16（管外転籍）
↓
T5.3.31（管外転籍）
↓
S6.5.19（管内転籍）
↓
S6.10.15（全員除籍）

当該戸籍の在籍期間

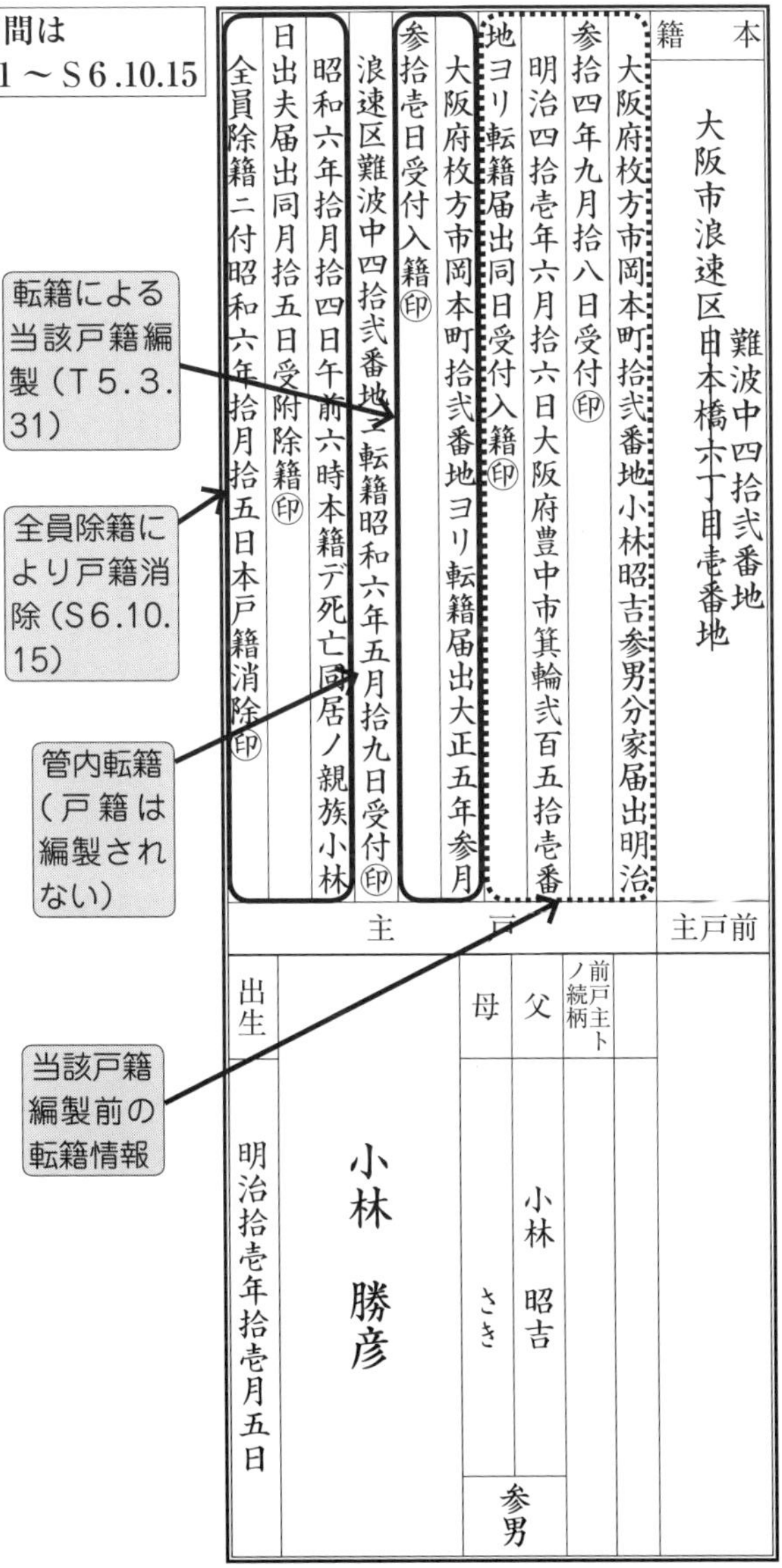
本籍　大阪市浪速区日本橋六丁目壱番地　難波中四拾弐番地

大阪府枚方市岡本町拾弐番地小林昭吉参男分家届出明治参拾四年九月拾八日受付㊞

明治四拾壱年六月拾六日大阪府豊中市箕輪弐百五拾壱番地ヨリ転籍届出同日受付入籍㊞

大阪府枚方市岡本町拾弐番地ヨリ転籍届出大正五年参月参拾壱日受付入籍㊞

浪速区難波中四拾弐番地ニ転籍昭和六年五月拾九日受付㊞

昭和六年拾月拾四日午前六時本籍デ死亡同居ノ親族小林日出夫届出同月拾五日受附除籍㊞

全員除籍ニ付昭和六年拾月拾五日本戸籍消除㊞

前戸主	前戸主トノ続柄	父	母	戸主	出生
	参男	小林　昭吉	さき	小林　勝彦	明治拾壱年拾壱月五日

(4) 現行戸籍の転籍

ア 現行戸籍の管内転籍

現行戸籍でも、管内転籍では新たに戸籍が編製されることはありません。

その代わり、「本籍」欄が更正され、従前の本籍地部分を線で抹消して、転籍先が記載されます。そして、同じ市区町村役場の戸籍簿内で新しい本籍の編綴箇所に移し替えられ、引き続き現行戸籍として利用されます。

現行戸籍の管内転籍

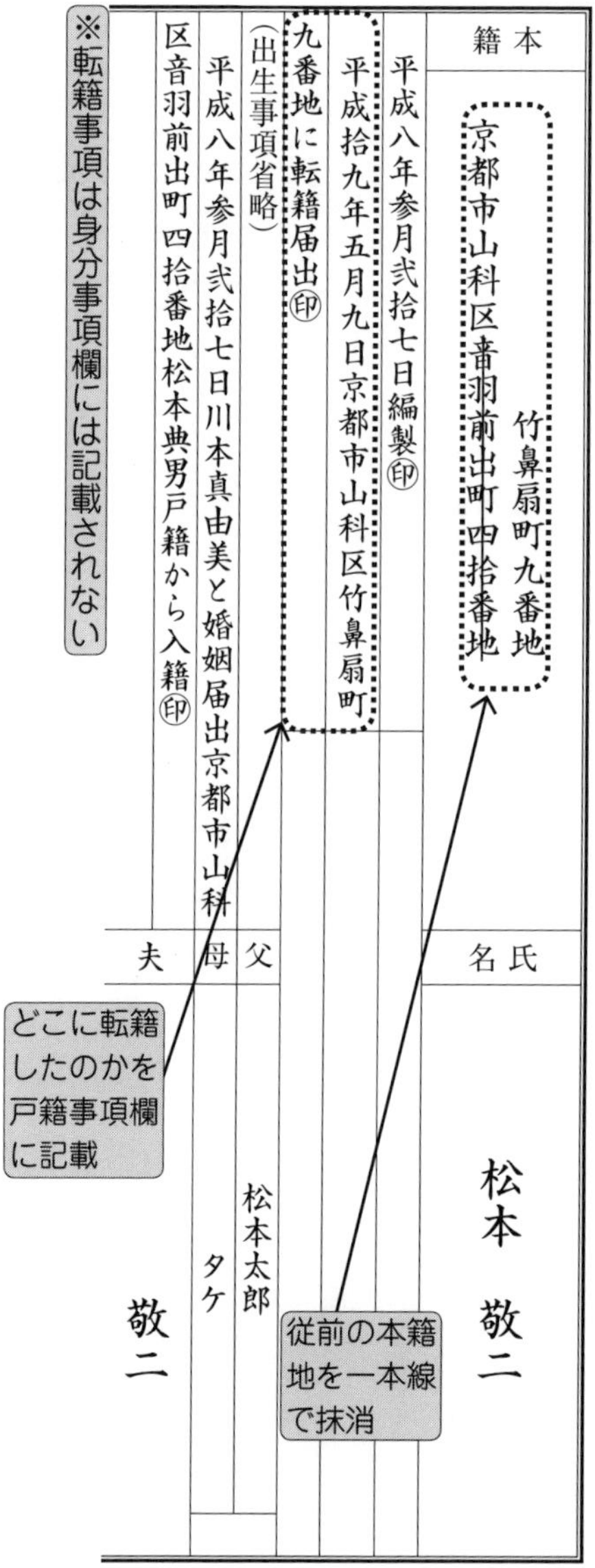

現行戸籍の管外転籍（転籍前）

本籍	京都市山科区音羽前出町四拾番地
	平成八年参月弐拾七日編製㊞
	平成拾九年五月九日京都府宇治市広野町尖山参拾番地に転籍届出同月拾弐日同市長から送付消除㊞
氏名	松本　敬二

どこに転籍したのかを戸籍事項欄に記載～戸籍は消除

⇐

現行戸籍の管外転籍（転籍後）

本籍	京都府宇治市広野町尖山参拾番地
	平成拾九年五月九日京都市山科区音羽前出町四拾番地から転籍届出㊞
氏名	松本　敬二

新本籍を記載（新戸籍編製）

どこから転籍届出したのかを戸籍事項欄に記載

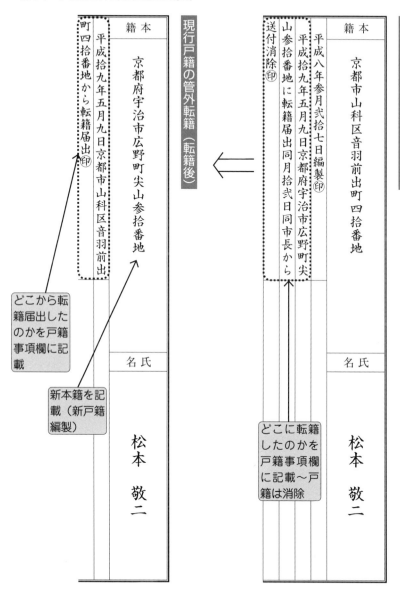

旧法戸籍と異なるのは、転籍事項が身分事項欄には記載されず、全員に共通な事項を記載する「戸籍事項」欄にのみ記載されることです。これは転籍事項が身分事項ではないことによります。

イ　現行戸籍の管外転籍

旧法戸籍の管外転籍の場合と同様に、管外転籍では、新しい戸籍が編製され、旧戸籍は除籍されます。旧戸籍には、「戸籍事項」欄に他の市区町村へ転籍したことによって戸籍が消除された旨の記載がされ、本籍欄外の右上には「除籍」と表記されます。

一方、新しい戸籍には、「本籍」欄に届出のあった新しい本籍が記載され、「戸籍事項欄」には、いつどこから転籍して届出をしたのかが記載されます。これを見れば、どこから転籍してきて戸籍が編製されたのかが分かります。

(5)　コンピュータ化された戸籍の転籍

平成6年の戸籍法の一部改正により、ほぼ全ての市区町村で戸籍のコンピュータ化が行われています。現行戸籍とは「管内転籍」の表示方法が変更されています。

現行戸籍での管内転籍の場合、「本籍」欄の更正箇所を線で抹消し、その右に更正後の住所を記載していました。しかし、コンピュータ化戸籍では、「本籍」欄に更正後の住所を上書きして更正します。そして、「戸籍事項」欄には戸籍編製事項に続いて「転籍事項」が記載され、その欄の右側には転籍日と旧本籍が記載されます。その記載の上には「従前の記録」と記載されていますから、この「従前の記録」の下の表示で、更正前の記載が分かります。なお、管外転籍では、転籍前の本籍を、新たな戸籍の「転籍」欄のところ

コンピュータ化された戸籍の管内転籍

全部事項証明

本　　籍	京都市山科区竹鼻扇町９番地
氏　　名	松本敬二
戸籍事項	
戸籍編製	【編製日】平成８年３月27日
転　　籍	【転籍日】平成19年５月９日 【従前の記録】 【本籍】京都市山科区音羽前出町40番地

転籍後の本籍地を記載

転籍日、転籍前の本籍地を戸籍事項欄に記載

コンピュータ化された戸籍の管外転籍（転籍前）

除　　籍

全部事項証明

本　　籍	京都市山科区音羽前出町40番地
氏　　名	松本敬二
戸籍事項	
戸籍編製	【編製日】平成８年３月27日
転　　籍	【転籍日】平成19年５月９日 【新本籍】京都府宇治市広野町尖山30番地 【送付を受けた日】平成19年５月12日 【受理者】京都府宇治市長

どこに転籍したのかを戸籍事項欄に記載～戸籍は消除

⇓

コンピュータ化された戸籍の管外転籍（転籍後）

全部事項証明

本　　籍	京都府宇治市広野町尖山30番地
氏　　名	松本敬二
戸籍事項	
転　　籍	【転籍日】平成19年５月９日 【従前本籍】京都市山科区音羽前出町40番地

新本籍を記載（新戸籍編製）

どこから転籍届出したのかを戸籍事項欄に記載

に、「従前本籍」として記載されます。

(6) 管外転籍の記載の注意点

前述したように、新戸籍編製事項に記載のある日付が戸籍編製日よりも前のことがあります。

そのほかに、昭和23年1月1日から昭和35年12月31日まで、管外転籍を行った場合、転籍前の戸籍の戸籍事項欄に記載されていた新戸籍の編製に関する事項、氏の変更に関する事項は、転籍後戸籍の戸籍事項欄への移記事項とされていました（第5章二一五頁参照）。この点に注意してください。

4 相続順位別に見る必要な戸籍

❶ 相続手続で戸籍が必要とされている理由

ここにいう相続手続とは、亡くなった方の銀行預金や有価証券などを相続により受け取る手続、相続人への各種名義変更手続、相続放棄手続などのことです。この手続では、亡くなった方（被相続人）と相続人の戸籍謄本類が必要とされています。

これらの戸籍謄本類が必要とされている理由は2つあります。まず1つは、現金を受け取る人や名義変更をする人が、被相続人の相続人であるかどうかを確認するため、そして2つめの理由は、現金の受取りが相続人全員の意思かどうかを確認するためです。相続人全員の意思かどうかを知るためには、まず、被相続人の相続人が誰なのかを正確に知る必要があり、それを知るためには被相続人の全ての戸籍謄本類を必要とします。それらの戸籍謄本類には、子や配偶者などの相続人全員が載っているからです。

「法定相続情報証明制度」というものが新設され、戸籍謄本の代わりに法定相続情報を添付資料とすることもできますが、この法定相続情報を作成するにも、もともとの戸籍が必要です（一三一頁「5　法定相続情報証明制度」参照）。

❷ 法定相続分に基づく相続と、その場合に必要な戸籍

(1) 法定相続分とは

遺言による相続分の指定がない場合、民法九〇〇条等に定める相続分によることになります。これを法定相続分といいます。民法九〇〇条等によれば、配偶者のみが相続人であれば、配偶者が全て相続し、子がいれば第一順位者として配偶者と子が相続人となります。子がおらず被相続人の父母等（直系尊属）がいれば第二順位者として配偶者と被相続人の直系尊属、子も被相続人の直系尊属もおらず被相続人の兄弟姉妹がいれば第三順位者として配偶者と被相続人の兄弟姉妹が相続人となります。

このように、配偶者は常に相続人となり、第一順位から第三順位の相続人がいる場合、それらの者と同順位で相続することとされています（第2章16頁参照）。

(2) まずは被相続人の戸籍謄本関係を揃える

被相続人が出生してから死亡するまでの戸籍謄本関係を全て揃えます。銀行実務では、被相続人が13歳ぐらい、あるいは16歳ぐらいから死亡するまでとするケースもあるようですが、裁判実務では被相続人が出生してから死亡するまでの戸籍謄本を要求されています。

被相続人の戸籍に加えて必要な戸籍

いない

- 子の現在までの戸籍
- （死亡した子の出生から死亡までの戸籍）（＊3）

※死亡した子が認知などしていないかどうかも確認する

いる

いる

- 子の現在までの戸籍
- 死亡した子の出生から死亡までの戸籍
- 代襲相続人の現在までの戸籍

※再代襲があれば再代襲相続人の戸籍も確認する
※死亡した子や代襲相続人が認知などしていないかどうかも確認する

- （死亡した子や代襲相続人の出生から死亡までの戸籍）
- 親の現在（又は死亡）までの戸籍

※被相続人が普通養子縁組している場合は実親・養親ともに確認する

- （死亡した子や代襲相続人の出生から死亡までの戸籍）
- 親の死亡までの戸籍
- 直系尊属の現在（又は死亡）までの戸籍

※被相続人や親を含む直系尊属の誰かが普通養子縁組している場合はその実親・養親ともに確認する

- （死亡した子や代襲相続人の出生から死亡までの戸籍）
- 親の出生から死亡までの戸籍
- 直系尊属の死亡が分かる戸籍

※半血兄弟姉妹がいないかどうかまで確認する
※被相続人や親を含む直系尊属の誰かが普通養子縁組している場合はその実親・養親ともに確認する

全員存命

いない

- （死亡した子や代襲相続人の出生から死亡までの戸籍）
- 親の出生から死亡までの戸籍
- 直系尊属の死亡が分かる戸籍
- 存命中の兄弟姉妹の現在までの戸籍
- （死亡した兄弟姉妹の出生から死亡までの戸籍）

※半血兄弟姉妹がいないかどうかまで確認する
※被相続人や親を含む直系尊属の誰かが普通養子縁組している場合はその実親・養親ともに確認する

いる

- （死亡した子や代襲相続人の出生から死亡までの戸籍）
- 親の出生から死亡までの戸籍
- 直系尊属の死亡が分かる戸籍
- （存命中の兄弟姉妹の現在までの戸籍）
- 死亡した兄弟姉妹の出生から死亡までの戸籍
- 代襲相続人の現在までの戸籍

※半血兄弟姉妹がいないかどうかまで確認する
※被相続人や親を含む直系尊属の誰かが普通養子縁組している場合はその実親・養親ともに確認する

被相続人の出生から死亡までに必要な戸籍のフローチャート

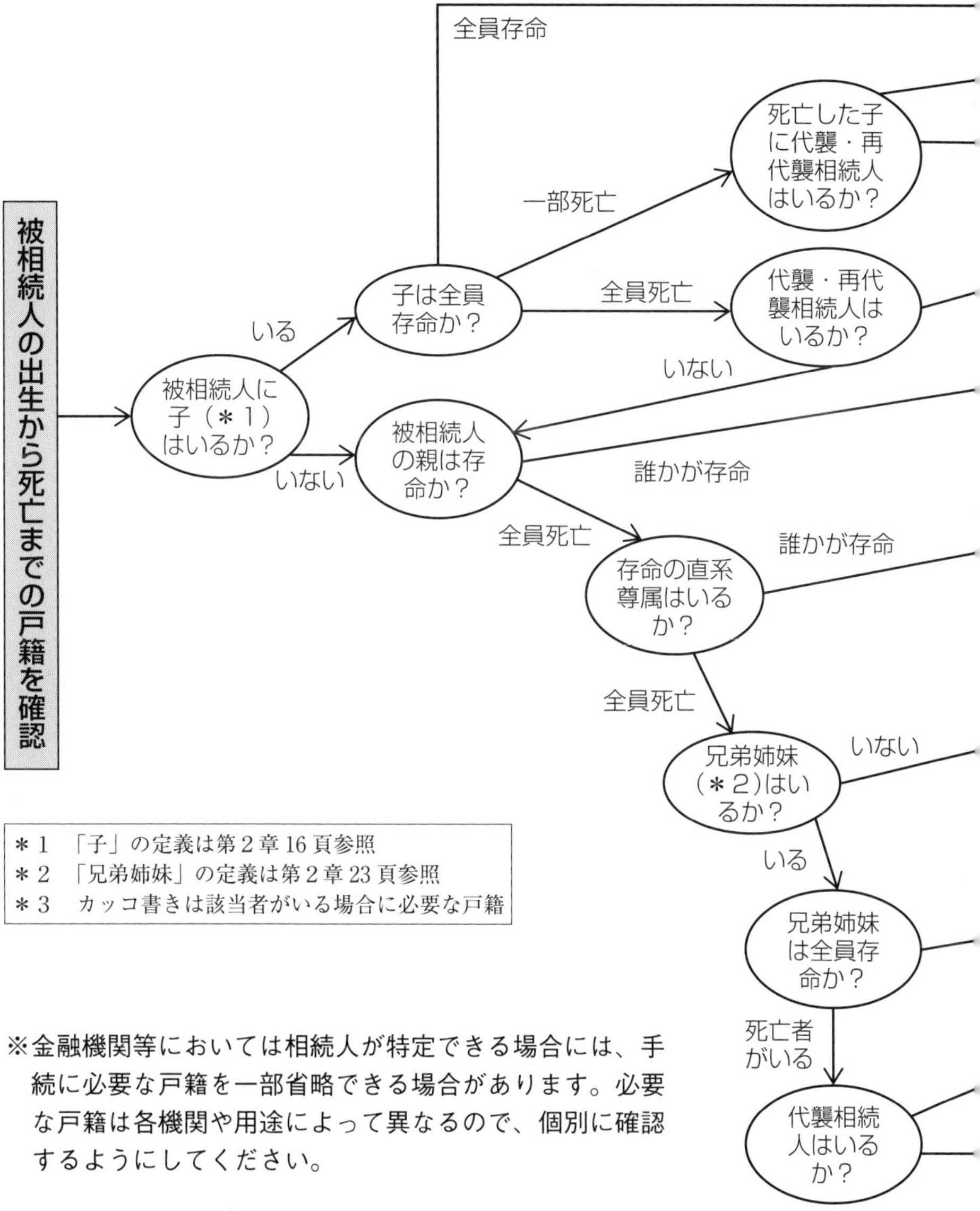

＊１	「子」の定義は第２章16頁参照
＊２	「兄弟姉妹」の定義は第２章23頁参照
＊３	カッコ書きは該当者がいる場合に必要な戸籍

※金融機関等においては相続人が特定できる場合には、手続に必要な戸籍を一部省略できる場合があります。必要な戸籍は各機関や用途によって異なるので、個別に確認するようにしてください。

(3) 配偶者と子の有無を確認する

被相続人の戸籍謄本を揃えた上で、その者の死亡時の配偶者と子の有無を調べます。

このとき注意していただきたいことは、相続権のある配偶者は、「被相続人死亡時に配偶者であること」が必要です。一度結婚していたが死別や離婚していた場合、その離婚した配偶者には相続権はありません。もちろん内縁者にも相続権はありません。ただし、離婚や死別した配偶者との間に子がいる場合は、その子には相続権があります。

また、子がいてもその子が死亡していた場合、その子の子（被相続人から見て孫）に再代襲による相続権が認められます。この場合、子や孫、ひ孫が存命であることが確認できれば、その者が相続人となるので、被相続人の父母等や兄弟姉妹について戸籍を調べる必要がありません。

(4) 被相続人の子がいなければ、被相続人の父母等の戸籍を調べる

被相続人に存命の子や代襲相続人がいなければ、第一順位の相続人がいないということになりますので、第二順位の相続人である被相続人の直系尊属の戸籍を調べます。被相続人の死亡時点で、父母が存命であれば、その方が相続人となります。もし父母が既に死亡しており、そのさらに父母（被相続人から見て祖父母）が存命であれば、その方が相続人となります。

このように被相続人の直系尊属が存命であれば、その者が相続人となりますから、被相続人の兄弟姉妹の戸籍を調べる必要はありません。

(5) 被相続人の子も直系尊属もいなければ、被相続人の兄弟姉妹の戸籍を調べる

被相続人に存命の子や代襲相続人、直系尊属もいなければ、第一順位の相続人も、第二順位の相続人もいないことになりますから、第三順位の相続人である被相続人の兄弟姉妹の戸籍を調べます。被相続人の死亡時点で、兄弟姉妹が存命であれば、その方が相続人となります。もし兄弟姉妹が全て死亡していても、その兄弟姉妹に子がいれば、代襲相続権が認められますので、その兄弟姉妹の子が存命かどうかを戸籍で調査します。

なお兄弟姉妹の子も死亡していた場合、その子（兄弟姉妹の孫）には再代襲による相続権はありません。これが第一順位相続人である子との大きな違いです。

以上の流れをフローチャートにまとめると一二八～一二九頁のようになります。

5　法定相続情報証明制度

❶「法定相続情報証明制度」とは

不動産の所有者が死亡した場合は、その不動産を受け継いだ者が、不動産の所有権移転登記（相続登記）を申請する必要があります。しかし、近ごろでは、登記未了のまま放置される不動産が増加しており、所有者不明土地問題や空き家問題の一因にもなっています。そのため、法務省が、相続登記を促進することを目的に、「法定相続情報証明制度」を新設し、平成29年5月29日から全国の登記所で運用を開始しました。

これまでの相続手続では、不動産を管轄する各地の登記所や、金融機関等で、その都度被相続人の相続関係を証明する戸籍謄本等一式を原本提出していました。しかし、この制度を利用すれば、登記官から交付を

法定相続情報証明制度の概要

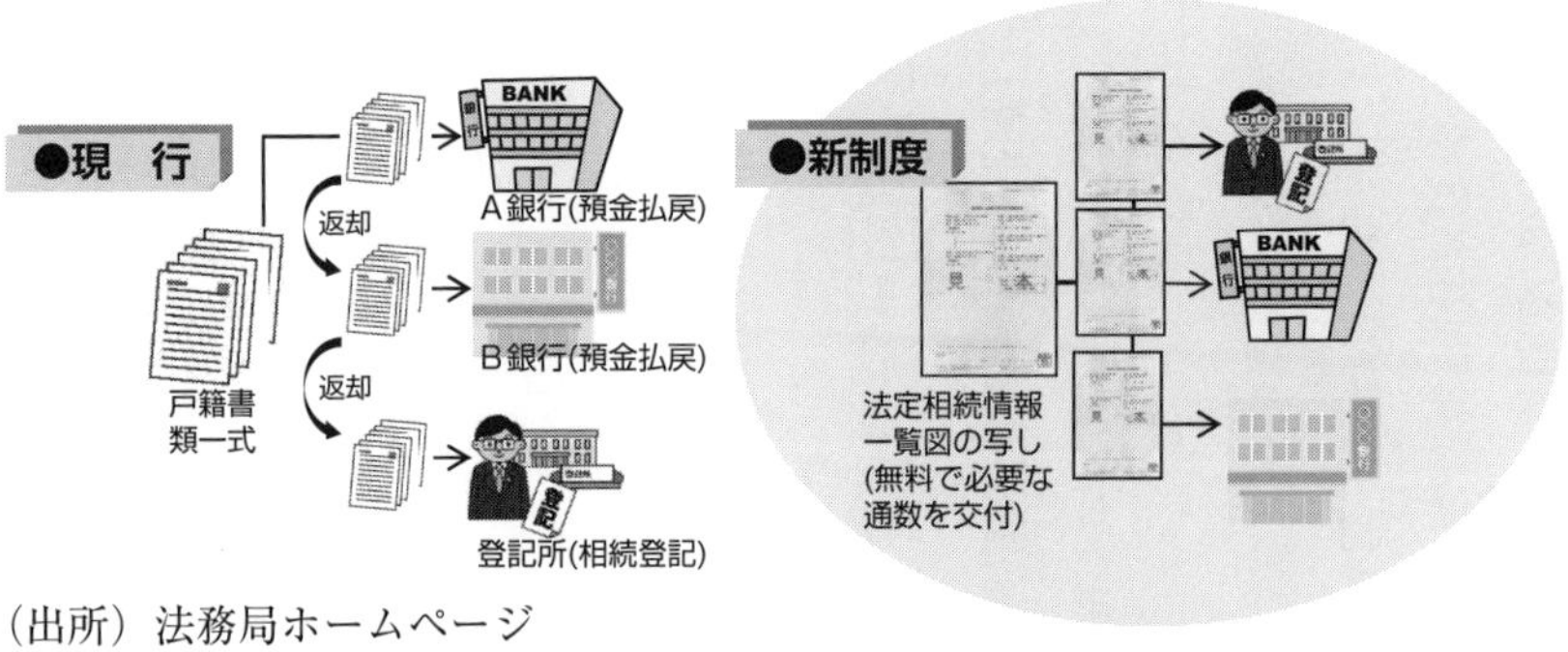

（出所）法務局ホームページ

受けた認証文付き法定相続情報一覧図の写し（法定相続情報）の提出によって、相続関係が証明できるので、簡易に手続を進めることができます。

❷ 法定相続情報証明制度の手続の流れ

法定相続情報証明制度を利用するためには、⑴必要書類を収集し、⑵法定相続情報一覧図を作成した上で、⑶登記所に申出書を提出する必要があります。

⑴ 必要書類

必要書類は以下のとおりです。申し出をすることができるのは被相続人の相続人（当該相続人の地位を相続により承継した者を含む）ですが、後述する代理人に委託することもできます。

① 被相続人の出生から死亡までの連続した戸籍謄本及び除籍謄本
② 被相続人の住民票除票（被相続人の住民票除票が市区町村において廃棄されているなどして取得できない場合は戸籍の附票）
③ 相続人全員の現在の戸籍謄本又は抄本
④ 申出人（相続人の代表となって手続を進める者）の氏名住所を確認することができる公的書類（運転免許証の写し、マイナンバーカ

ードの表面の写し、住民票記載事項証明書など）

⑤　法定相続情報一覧図に相続人の住所を記載する場合は、各相続人の住民票記載事項証明書も必要になります（相続人の住所の記載は任意です）。

⑥　委任により代理人が申し出の手続をする場合は、委任状等が必要になります。

※　本制度の委任による代理は、下記の資格者代理人のほかは、申出人の親族に限られます。

・弁護士・司法書士・土地家屋調査士・税理士・社会保険労務士・弁理士・海事代理士・行政書士

(2)　**法定相続情報一覧図の作成**

収集した戸籍謄本等を基に、長期保存することができる丈夫なＡ４縦の白色用紙を使用し、文字は、直接パソコンを使用し入力するか、又は黒色インク、黒色ボールペン（摩擦等により見えなくなるものは不可）で、楷書ではっきりと記入します。

紙面の下から約５㎝の範囲に認証文が付されるので、可能な限り下から約５㎝の範囲には記載をしないようにします。

(3)　**登記所へ申し出**

次のいずれかの地を管轄する登記所で申し出をします。郵送によることも可能です。

①　被相続人の本籍地

②　被相続人の最後の住所地

法定相続情報一覧図の例

最後の住所は、住民票の除票（又は戸籍の附票）により確認して記載する。（最後の本籍の記載は、申出人の任意であるが、住民票の除票等が市区町村において廃棄されている場合は、被相続人の最後の住所の記載に代えて最後の本籍を必ず記載する。）

被相続人　法務太郎　法定相続情報

被相続人の氏名を記載する。

相続人の住所の記載は任意である。記載する場合は、住民票の写し等にあるとおり記載するとともに、その住民票の写し等を提出する必要がある。記載しない場合は、「住所」の項目を削除する。

最後の住所

○県○市○町○番地

最後の本籍

○県○市○町○番地

出生　昭和○年○月○日

死亡　令和○年○月○日

（被相続人）

法 務 太 郎

住所　○県○市○町○番地

出生　昭和○年○月○日

（長女）

法 務 優 子　　（申出人）

申出人となる相続人には、「（申出人）」と併記する。

住所　○県○市○町○番地

出生　昭和○年○月○日

（妻）

法 務 花 子

以下余白

作成者は作成した日を記載し、自身の住所を記載の上、署名又は記名押印する。

作成日：　令和○年○月○日

作成者：　住所　○県○市○町○番地

氏名　○○　○○　印

（法務局「主な法定相続情報一覧図の様式及び記載例」より）
http://houmukyoku.moj.go.jp/homu/page7_000015.html

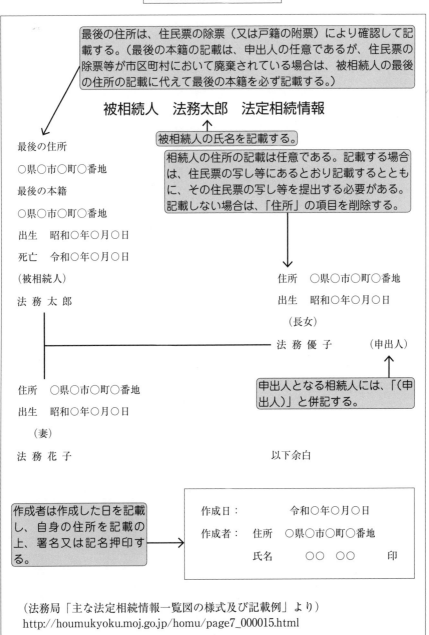

別記第１号様式

法定相続情報一覧図の保管及び交付の申出書

（補完年月日 令和　　年　　月　　日）

申出年月日	令和　　年　　月　　日	法定相続情報番号	-　　-
被相続人の表示	氏　　名 最後の住所 生年月日　　　年　　月　　日 死亡年月日　　　年　　月　　日		
申出人の表示	住所 氏名　　　　　　㊞ 連絡先　　－　　－ 被相続人との続柄　（　　　　　　）		
代理人の表示	住所（事務所） 氏名　　　　　　㊞ 連絡先　　－　　－ 申出人との関係　□法定代理人　□委任による代理人		
利用目的	□不動産登記　□預貯金の払戻し　□相続税の申告 □その他（　　　　　　　　　　）		
必要な写しの通数・交付方法	通　（□窓口で受取　□郵送　） ※郵送の場合，送付先は申出人（又は代理人）の表示欄にある住所（事務所）となる。		
被相続人名義の不動産の有無	□有 □無	（有の場合，不動産所在事項又は不動産番号を以下に記載する。）	
申出先登記所の種別	□被相続人の本籍地　□被相続人の最後の住所地 □申出人の住所地　□被相続人名義の不動産の所在地		

上記被相続人の法定相続情報一覧図を別添のとおり提出し，上記通数の一覧図の写しの交付を申出します。交付を受けた一覧図の写しについては，相続手続においてのみ使用し，その他の用途には使用しません。

申出の日から３か月以内に一覧図の写し及び返却書類を受け取らない場合は，廃棄して差し支えありません。

（地方）法務局　　　　支局・出張所　　　　宛

※受領確認書類(不動産登記規則第２４７条第６項の規定により返却する書類に限る。)
戸籍（個人）全部事項証明書（　通），除籍事項証明書（　通）戸籍謄本（　通）
除籍謄本（　通），改製原戸籍謄本（　通）戸籍の附票の写し（　通）
戸籍の附票の除票の写し（　通）住民票の写し（　通），住民票の除票の写し（　通）

受領	確認１	確認２	ｽｷｬﾅ・入力	交付

受取

③　申出人の住所地
④　被相続人名義の不動産の所在地

申し出後は、登記官が提出書類の不足や誤りがないことを確認し、認証文付きの法定相続情報一覧図の写しを、相続手続に必要な通数分交付します。一覧図の写しは、偽造防止措置の施された専用紙で作成・交付されます。また、一覧図は登記所でも5年間保管され、この期間中は申出人からの申し出により再交付を受けることが可能です。

なお、交付には手数料はかからず、提出した戸籍謄本等も一覧図の写しの交付時にあわせて返却されます。

❸ 法定相続情報証明制度の注意点

一覧図の写しは、被相続人の相続登記の際に、被相続人等の戸籍謄本等に代えて添付書類として使用することができます。また、この制度は、被相続人名義の不動産がない場合でも利用可能なので、金融機関における預貯金の払戻し手続にも使用することができます。つまり、従来は法定相続人を確認するために、各金融機関の手続の都度、相続人は膨大な戸籍の束を持参し、また、手続の担当部署はその戸籍の束を読み取って相続人の確認作業を行う必要がありましたが、本制度を利用することで、相続手続にかかる相続人・手続の担当部署双方の負担を大きく軽減させることが可能になります。ただし、相続手続で必要になる書類は各機関で異なるので、一覧図の写しの提出によって、戸籍謄本等の提出が不要になるかどうかは、事前に金融機関等に確認する必要があります。

なお、この制度は相続放棄や遺産分割協議に関する情報は記載されないため、これらに関する書類や情報は別途収集する必要があります。また、被相続人や相続人が日本国籍を有しないなど、戸籍謄本等を添付することができない場合は利用できません。加えて、法定相続情報は、被相続人の相続開始時における相続人の情報を証明するものであるため、これを受け取る側としては、一覧図の写しが交付された後に被相続人の法定相続人が変動している可能性もあることに留意が必要です（被相続人の死亡時にさかのぼって相続人の範囲が変わるようなときは、当初の申出人は、再度、法定相続情報の保管等申し出をすることができます）。

《コラム》戸籍がない

稀にではありますが、自分の戸籍がないという人がいます。これには記憶違いで既存戸籍に辿り着く情報がないという場合と、本当に出生届の不備等で戸籍がないという場合とがあります。

このような場合、まずはその人の小中学校の在校記録、親の年金記録等から既存戸籍に辿り着かないかどうかを調査し、それでも戸籍が不明である場合には、その調査結果を疎明資料として家庭裁判所に対して就籍許可審判申立てを行うことになります。

《コラム》預金の不可分債権に関する最高裁決定

平成28年12月19日、最高裁判所において遺産相続時における被相続人名義の預貯金が遺産分割の対象となる旨の決定がなされました。

これまで預貯金は遺産分割を経ずとも、相続開始と同時に当然に相続分に応じて分割される「可分債権」として各相続人がその相続分に応じて権利を承継するものと解されており、例外的に相続人全員の合意がある場合に遺産分割の対象とするという取扱いでした。しかし、預貯金が遺産分割協議の対象にならないことで相続人間の不公平が生じるなどの問題が指摘されており、このたび、預貯金が相続開始と同時に当然に相続分に応じて分割されることはなく、遺産分割の対象となるとの判断が下されました。

実務上では、これまで銀行などの金融機関は、法律上の扱いとは異なり、遺言書がない場合には原則として相続人全員の同意がない限り預貯金の払出しには応じていなかったので、今回の決定による大きな事務フローの変更はないものと思われます。ただし、中には相続人への便宜的な支払いに応じてきた金融機関もありますので、そのような場合には、便宜的な払戻しをすることには今後さらに慎重な対応が求められることになります。また、この最高裁決定により相続人による単独での払戻しが難しくなってしまったため、相続法の改正等による「預貯金の払戻し制度」が創設される運びとなりました（38頁参照）。

第4章

ケース別に見る戸籍への記載事項

1 養子縁組をした場合

❶ 現行民法・旧民法での取扱い

養子縁組とは、具体的な血縁関係とは無関係に人為的に親子関係を発生させることをいいます。この制度は昔から認められており、明治維新後の民法典でも規定がありました。しかし、旧民法と現行民法とで、養子の取扱いが異なる部分もあります。そこで、最初に現行民法と旧民法とでの取扱いの異同について、表にまとめました。

内　容	現行民法での取扱い	旧民法での取扱い
①　養子の身分	養子は、縁組の日から養親の嫡出子と同じ身分を取得するので、養子は養親からみて第一順位の相続人となり、養親の実子とは兄弟姉妹関係となる。	現行民法と同じ。
②　養子の氏	養子の氏も、養親の氏を称する。ただし、夫婦の一方のみが養子となる場合、婚姻によって氏を改めた者は、その婚姻中は、養子となっても養親の氏を称しない（詳細は後述）。	養家の家族として、その家の氏を称することとされている。
③　養子の戸籍変動	養子が単身の場合は、養親の戸籍に入るが、養子が夫婦の場合は、養親とは別に養親の氏で新戸籍が編製される。 夫婦のうち、婚姻により氏を改めた者のみが養子となった場合、養親・養子双方の戸籍に縁組事項を記載するだけで、養子の戸籍は別に編製されない。 普通養子縁組をした際には、養親と養子の双方の身分事項欄に縁組事項が記載されるが、養親の身分事項に記載された縁組事項は、その後にその戸籍が転籍その他の事由によって編製替えになった場合には移記されない。一方、養子の身分事項に記載された縁組事項	養子は養親の家の家族として単身者であっても夫婦者であっても、必ず養親と同じ戸籍に記載されていたので、養子縁組に関する記載は、養親の事項欄に記載する必要がなく、入籍した養子についてのみ記載した（同一戸籍に在籍するため養親と養子の関係は一目瞭然であり、双方の事項欄に記載する必要がない）。

	は、その後の戸籍に変動があっても縁組が継続している限り移記される。	
④　養子縁組前に出生した養子の子	養子縁組前に生まれた養子の子は、養親の相続について代襲相続権はない。 （第２章22頁、第５章225頁参照）	現行民法と同じ。
⑤　普通養子の離縁と戸籍	養子と養親との養親子関係及び養子と養親の血族との養親族関係は、離縁により終了する。 また、養子の配偶者、養子縁組後の直系卑属及びその配偶者と養親及びその血族との養親族関係は、離縁によって終了する。 戸籍については、養親及び養子双方の戸籍の身分事項欄に、離縁事項が記載される。 養子縁組によって氏を改めた養子は、離縁によって縁組前の氏に復するのが原則であるが、縁組の日から７年を経過した後に離縁によって縁組前の氏に復した者は、離縁の日から３か月以内に届け出ることで、離縁の際に称していた氏を引き続き称することができる（縁氏続称）。	養子と養親との養親子関係及び養子と養親の血族との養親族関係は、離縁によって終了する。 縁組によって生じた養子の配偶者、直系卑属又はその配偶者と養親及びその血族との養親族関係は、養子の離縁によって当然に消滅するものではなく、これらの者が養子の離縁とともに又は離縁後に、その養家を去った場合に限り、養親族関係が消滅する。 戸籍については、離縁事項に関する戸籍事項の記載は、縁組の場合と同様、養子側にのみ記載される。

⑥　普通養子が一方の養親の死亡後、生存養親とのみ離縁した場合の死亡養親との縁組関係	生存養親との離縁によって、当事者たる養親子関係及びこれに基づくその他の養親族関係は終了する。しかし、当事者外の他方の死亡養親との縁組関係は消滅しない。	養親の一方が死亡後、養子が生存養親と離縁したときは、その離縁の効力は亡養親にも及び、死亡養親との養親子関係も消滅する。 養子の身分事項には生存養親との離縁事項のみ記載され、亡養親との離縁事項は記載されないが、縁組関係も消滅しているので注意が必要である。
⑦　死後離縁	養親あるいは養子いずれか一方が死亡した場合でも、生存当事者は家庭裁判所の許可を得て死後離縁の届出をすることができる。 なお、死後離縁の効力は、死亡時にさかのぼることはなく、死後離縁の届出があって以降効力を生じる。そのため、養親死亡後に養子がその死亡養親と死後離縁を行っても、相続権は影響されない。	養親双方が死亡後、養子が死亡養親と離縁する場合、養家の戸主の同意を得て行う。その離縁の効力は亡養親に及び、死亡養親との養親子関係も消滅する。 なお、養家の戸主となった養子は、隠居して戸主を退いた場合を除き、養親と離縁することはできない。
⑧　特別養子縁組（昭和62年から認められた）	（157頁参照）	

❷ 現行戸籍における養子縁組の記載方法

(1) 単身者が養親となる夫婦と普通養子縁組した場合

単身の養子は、養親夫婦の戸籍に入籍します。養親夫婦の身分事項欄には、いつ養子となる縁組届出をしたのかという記載がされ、個人欄のうち、親権者と続柄が記載されるほか、養父母の欄に養親の名前、そして、続柄として「養子」と記載されます。

次の戸籍の具体例をご覧ください。中村隆さんと京子さんとが平成2年9月9日に婚姻し、平成12年5月5日に高野武さんが養子となった場合の戸籍です。

本籍	(省略)	氏名	中村　隆

平成弐年九月九日編製㊞

(出生事項省略)
平成弐年九月九日○○京子と婚姻届出（中略）戸籍から入籍㊞
平成拾弐年五月五日妻京子とともに高野武を養子とする縁組届出㊞……①

父	(省略)	
母	(省略)	二男
夫	隆	
出生	(省略)	

（出生事項省略）
平成弐年九月九日中村隆と婚姻届出（中略）戸籍から入籍㊞
平成拾弐年五月五日夫隆とともに高野武を養子とする縁組届出
㊞……②

（出生事項省略）
平成拾弐年五月五日中村隆同人妻京子の養子となる縁組届出
（代諸者親権者父母）（実父母の本籍地と筆頭者が記載されるが本件では省略）戸籍から入籍㊞……③

父	（省略）		
母	（省略）		二女
妻	京子		
出生	（省略）		
父	高野〇〇		
母	高野××	二男	④
養父	中村　隆		
養母	中村京子	養子	⑤
出生	（省略）		
武			

現行法では、養子縁組による戸籍の変動は、養子が単身の場合は養親の戸籍に入ることとされています。

そのため、高野武さんは、中村隆さんを筆頭者とする戸籍に入籍します。

その際、夫婦で養子縁組をしましたので、夫の隆さんの身分事項欄には、平成12年5月5日に妻の京子さんとともに高野武さんを養子とする縁組届出をした旨記載されます（①）。また、妻の京子さんの身分事項欄にも、平成12年5月5日に夫の隆さんとともに高野武さんを養子とする縁組届出をした旨記載されます（②）。

一方、入籍した高野武さんの身分事項欄には、平成12年5月5日に中村隆さんと妻の京子さんの養子となる縁組届出（代諸権者は実父母）と、実父母の本籍地の戸籍から入籍した旨の記載がされます（③）。そして、武さんの個人欄のうち、父母欄には実父母の名前とその続柄が記載されます（④）。その左隣に、養父母欄が設けられて、そこに養父の中村隆さんと、養母の中村京子さんの名前が記載され、続柄欄には「養子」と記載されます（⑤）。

(2)　養親及び養子がともに夫婦の場合

養子・養親ともに夫婦の場合、養子が単身者の場合と異なり、養子夫婦が養親の戸籍に入ることはありません。なぜならば、戸籍には一組の夫婦しか在籍できませんので、二組の夫婦が一つの戸籍に在籍することは、現行戸籍の編製基準に合致しないからです。その代わり、養子夫婦には、従前の氏から養親の氏とする新戸籍が編製され、縁組前の戸籍は消除されます。

そして、新戸籍の養子の身分事項欄には、「いつ、どこの誰の養子となり、どこから入籍したのか」が記載され、夫婦それぞれの父母欄の左隣に、養父母の氏名、そしてその下に続柄（夫は養子、妻は養女）と記載されます。具体的に戸籍を見てみましょう。後藤喜一さんと忍さんとが平成13年5月10日に婚姻し（同日転籍したとします）、平成29年4月6日に田中功さんとすみれさんとが夫婦で後藤さん夫妻と養子縁組をした場合です。

まずは、養子夫婦の戸籍です。

本籍　（省略）

氏名　後藤　功……②

平成弐拾九年四月六日編製㊞……①

（出生事項省略）

（婚姻事項省略）

平成弐拾九年四月六日妻とともに（本籍地省略）後藤喜一同人妻忍の養子となる縁組届出（旧本籍地省略）田中功戸籍から入籍㊞……③

父　田中○○
母　（省略）
長男

養父　後藤喜一
養母　忍
養子……④

夫　功

出生　（省略）

（出生事項省略）

（婚姻事項省略）

平成弐拾九年四月六日夫とともに後藤喜一同人妻忍の養子となる縁組届出入籍㊞……③

父　（省略）
母　（省略）
長女

養父　後藤喜一
養母　忍
養女……④

妻　すみれ

出生　（省略）

この場合は養子が夫婦ですので、養親とは別の戸籍で、養親の氏で新戸籍が編製されます。そのため、戸籍事項欄には養子縁組の日、この場合は平成29年4月6日に戸籍が編製された旨記載されます（①）。戸籍筆頭者は、養親の氏、今回は「後藤」の氏で作成されます（②）。夫婦それぞれの身分事項欄には、平成29年4月6日に、夫（又は妻）とともに養親と同人妻の養子となる縁組届出をした旨の記載がされます（③）。夫婦それぞれの父母欄の左隣に、養父母欄が設けられ、そこに養父の後藤喜一さんと、養母の忍さんの名前が記載され、続柄欄に「養子」（女性ならば「養女」）と記載されます（④）。

次に養親夫婦の戸籍です。

本籍	（省略）
氏名	後藤　喜一

平成拾参年五月拾日（本籍地省略）から転籍届出㊞

（出生事項省略）

（婚姻事項省略）

平成弐拾九年四月六日妻とともに（養子の旧本籍地（新戸籍の本籍地））田中功同人妻すみれを養子とする縁組届出㊞……⑤

父	後藤○○	長男
母	（省略）	
夫	喜一	
出生	（省略）	

（出生事項省略）
（婚姻事項省略）
平成弐拾九年四月六日夫とともに田中功同人妻すみれを養子とする縁組届出㊞……⑤

父	（省略）
母	（省略）
長女	
妻	忍
出生	（省略）

養親夫婦の戸籍には、身分事項欄に「いつ、どこの誰を養子とする縁組届出がされた」旨の記載がされます（⑤）。ここには、必ず養子夫婦の旧本籍地と新本籍地が記載されます。これで養子夫婦の所在が確認できます。

(3)　婚姻により氏を改めた者が養子となった場合

夫婦が養子縁組をする場合、未成年者を養子にするケースを除き、配偶者の同意があれば夫婦の一方だけで縁組みをすることが昭和62年9月26日の「民法等の一部を改正する法律」によって認められました。

それにより、「養子は縁組によって養親の氏を称する」という民法規定の例外として、「婚姻によって氏を改めた者は、婚姻の際に定めた氏を称すべき間（婚姻中）は、この限りではない」という改正がなされました。

例えば、ある女性（乙山花子）が婚姻をして夫（甲野太郎）の姓を名乗ることとなり（甲野花子）、その後、夫の了承を得て、別の夫婦（丙川氏）の養子となった場合を考えてください。この場合、「養子は縁組によって養親の氏を称する」とされる民法の規定に従えば、「甲野花子」から「丙川花子」となります。しかし、これでは、夫である甲野太郎と同一の姓を称することに反してしまいます。そこで、このような場合は養子になっても「丙川花子」ではなく「甲野花子」のまま、つまり婚姻の際に定めた姓を称してよいこととなったのです。

戸籍上も、養子縁組によって新たに戸籍が編製されることなく、養子となった者の身分事項欄に、「いつ、どこの誰の養子となる縁組届出をした」という記載がされ、父母欄には、実の父母の氏名の隣に、養親の氏名が記載されて、その下に続柄（養子）が記載されます。

一方、養親夫婦の戸籍には、それぞれの身分事項欄に、「いつ、どこの誰を養子とする縁組届出がされた」旨の記載がされるだけです。

ただし、離婚をした場合や、配偶者死亡後の復氏を行った場合には、前述の民法政正による例外規定にある「婚姻中」ではなくなりますので、原則どおり養親の姓を称することとなります。

以上の場合の戸籍を具体例でご覧ください。

まず、養子となった乙山花子（婚姻後は甲野花子）に関する戸籍です。

本籍　（省略）

氏名　甲野　太郎

平成四年八月四日編製㊞

（出生事項省略）
平成四年八月四日乙山花子と婚姻届出（本籍地等省略）戸籍から
入籍㊞

父　（省略）
母　（省略）
長男

夫　太郎

出生　（省略）

（出生事項省略）
平成四年八月四日甲野太郎と婚姻届出（本籍地等省略）戸籍から
入籍㊞
平成拾八年五月拾壱日（養親の本籍地）丙川一郎同人妻ともえの
養子となる縁組届出㊞……①

父　乙山○○
母　（省略）
長女

養父　丙川一郎
養母　ともえ
養女

②

妻　花子

出生　（省略）

夫の甲野太郎は、養子になっていませんから、身分事項欄や父母欄、続柄欄には何も記載されません。

一方、妻の甲野花子の身分事項欄には、いつ誰の養子となったかという養子縁組事項が記載されます（①）。父母欄の左隣に養父母欄が設けられて、そこに養父の丙川一郎と養母のともえの名前が記載され、続柄欄には養女と記載されます（②）。

一方、養親夫婦の戸籍です。

本籍	（省略）
氏名	丙川　一郎

（省略）


（出生事項省略）

（婚姻事項省略）

平成拾八年五月拾壱日妻とともに（本籍地省略）甲野花子を養子とする縁組届出㊞……③

父	（省略）
母	（省略）
	男二
夫	一郎
出生	（省略）

（出生事項省略）
（婚姻事項省略）
平成拾八年五月拾壱日夫とともに甲野花子を養子とする縁組届
出㊞……③

父	（省略）
母	（省略）
	女二
妻	ともえ
出生	（省略）

こちらには、夫婦（丙川一郎と丙川ともえ）それぞれの身分事項欄に、甲野花子をいつ養子にしたのかという養子縁組事項が記載されます（③）。

(4)　戸籍の編製替えと縁組事項についての注意点

以上、現行戸籍における養子縁組の場合の戸籍の記載について説明してきました。

ここで特に注意をしていただきたいのは、養子縁組をした養親の戸籍が転籍などで編製替えをした場合、これまで説明してきたような、養子縁組当初に養親の身分事項に記載されていた、「いつ、誰を養子とする縁組届出がされた」という縁組事項が移記されない、ということです。

つまり、養親の戸籍が編製替えされていると、養子がいるのかどうか、その戸籍だけからでは分からないので編製替えをされる前の戸籍も調べなければ、養子の有無が判明しません。

一方、養子の戸籍については、その身分事項欄に記載された縁組事項や、父母欄にある養父母の氏名と続柄は、編製替えをされた後も、養親と離縁しない限り、移記されます。

❸ 旧法戸籍における養子縁組の記載例

旧法では、現行法と異なり、家制度を重視していましたので、養親の場合も、養子の場合も、配偶者がいれば、配偶者とともに養子縁組をしなければなりませんでした。そして、養子は単身者でも夫婦でも、養親の「家」に入ったということになるので、必ず養親の戸籍に入ります。

そのため、養親子関係は、養親の戸籍を見れば分かりますので、養子縁組に関する記載は、養親の事項欄に記載する必要がなく、養子についてのみ縁組事項が記載されました。

つまり、旧法戸籍における戸主の身分事項欄やその妻の戸籍事項欄には養子については何ら記載されず、養子となった者について、身分事項欄に養子縁組に関する記載がされ、父母欄に実父母の他に養父母の氏名と、続柄が記載されています。

❹ 戸籍によっては、旧法の養子と現行法の養子とが混在している場合もある

前述しましたとおり、旧法戸籍では、養子縁組があっても、養親の事項欄には養子縁組の事項が記載されません。一方、現行法では、独身の養子しか養親の戸籍に同籍しませんので、養親の事項欄には養子縁組の事項が必ず記載されます。

そのため、養親が生存中、旧法から現行法に切り替わる前と後とで養子縁組をした場合、それぞれの養子についての戸籍の記載が異なってしまいます。

例えば、渡邊亀太郎が、妻のやえとともに、昭和16年7月7日に太田義夫と養子縁組をし（①）、昭和39年2月19日に高野守男と養子縁組をした（②）場合です。

本籍　東京都○○

前戸主　渡邊与右衛門

本籍ニ於テ出生父与右衛門届出大正四年弐月九日受付入籍㊞
昭和弐年拾壱月弐拾九日前戸主与右衛門死亡ニ因リ家督相続届
出同年拾弐月壱日受付㊞
安田やえト婚姻届出昭和八年拾弐月壱日受付㊞
昭和参拾弐年法務省令第二十七号により昭和参拾参年四月壱日
本戸籍改製㊞
昭和参拾九年弐月拾九日妻やえとともに高野守男を養子とする
縁組届出㊞……②
昭和参拾弐年法務省令第二十七号により昭和参拾九年拾月弐拾
日あらたに戸籍を編製したため本戸籍消除㊞

戸主

前戸主との続柄　亡渡邊与右衛門長男

父　亡渡邊与右衛門

母　（省略）

長男

渡邊亀太郎

出生　大正四年弐月九日

（婚姻事項省略）
昭和参拾九年弐月拾九日夫亀太郎とともに高野守男を養子とする縁組届出㊞……②

妻

父 安田○○
母 （省略）
二女

やえ

出生 （省略）

京都市右京区○○戸主太田○○参男渡邊亀太郎同人妻やえト養子縁組養父母及ビ縁組承諾者太田○○届出昭和拾六年七月七日受付入籍㊞……①

養子

父 太田○○
母 （省略）
三男
養父 渡邊亀太郎
養母 やえ
養子

義夫

出生 （省略）

（出生事項省略）
渡邊亀太郎同人妻やえの養子となる縁組届出昭和参拾九年弐月拾九日受付大阪市○○高野○○戸籍より入籍㊞……②

父 高野○○
母 （省略）
二男
養父 渡邊亀太郎
養母 やえ
養子

守男

出生 （省略）

この戸籍には、戸主の渡邊亀太郎、妻のやえ、養子の義夫、そして養子の守男が載っています。守男に関する養子縁組事項は、渡邊亀太郎、妻のやえ、そして養子の守男のそれぞれの身分事項欄に記載されています（②）。ところが、養子であるはずの義夫については、義夫本人の身分事項欄に養子縁組事項の記載がありますが（①）、養父母であるはずの渡邊亀太郎と妻のやえの身分事項欄には、記載がありません。養親の身分事項欄だけを見て、養子は守男のみであると考えてしまうと、義夫が養子であることについて疑問を持ってしまいます。

このように養子縁組の記載事項について、同じ養子である義夫と守男の記載が異なっていますが、これは、義夫と養子縁組をした日が旧戸籍法適用時であるのに対し、守男と養子縁組をした日が現行戸籍法適用時であるのが原因です。決して戸籍の記載にミスがあるのではありません。

養子縁組をした時期については、注意して見るようにしてください。もし迷った場合は、各身分事項欄から時系列表を作成し、養子縁組の時期が旧戸籍法の時か、それとも新戸籍法の時かを調査すれば、混乱しないと思います。

❺ 特別養子縁組

(1) 制度趣旨

特別養子縁組とは、昭和62年から創設された養子制度で、「特別養子」は普通養子と異なり、養子縁組によって養子と実親との関係が断絶し、養親との親族関係のみとなります。したがって、特別養子縁組による養子は実親との関係では相続権を失い、養親との関係で子として第一順位の相続権者となるだけです。

なぜ養子と実親との関係が断絶されるような制度なのかといいますと、「子どもの福祉を図るため」です。実親が精神的・身体的・経済的事情により、子の監護養育ができなかったり、虐待や遺棄など著しく不適当な監護を行うなどにより、子が利益を著しく害されている場合、その子を保護するという目的があります。そのため、かつては、その子は養親から実子同様に育てられるようにするべく、子は原則として6歳未満、養親は夫婦で一方が25歳以上、他方は20歳以上とされ、家庭裁判所の審判によって縁組が認められるとされていました。

しかし、子どもの利益という点では、実父母の家庭で養育することが難しい子供に永続的な家庭で養育される機会をより広く与えることができるようにすることが望ましいです。

そのため、「民法等の一部を改正する法律」によって、令和2年4月1日から、養子候補者の上限年齢が引き上げられました。具体的には、審判申立時における上限年齢は、原則として、特別養子縁組の成立の審判の申立ての時に15歳未満であることとされ、例外的に、①15歳に達する前から養親候補者が引き続き養育している場合や、②やむを得ない事由により15歳までに申立てができなかった場合は、15歳以上の場合でも認められるとされています。ただし、審判確定時に18歳に達している者については縁組ができないとされているほか、養子候補者が審判時に15歳に達している場合はその者の同意が必要とされ、15歳未満の者についても、その意思を十分考慮しなければならないとされています。

(2)　戸籍の記載方法

戸籍上も、一見して養子であるとは判明しづらいような記載になるよう工夫されています。

家庭裁判所の審判によって縁組が認められ、特別養子縁組の届出がされますと、特別養子は実親の戸籍から除籍され、一旦特別養子単独の新戸籍が編製されます。この戸籍における特別養子の本籍地は、まだ実親の本籍地です。その後、その新しい戸籍から養親の戸籍に入籍します。

なお、特別養子縁組によって実親の戸籍から除籍される子の身分事項欄と、特別養子単独の新戸籍の身分事項欄には「○年○月○日特別養子となる縁組の裁判確定」という記載がされています。しかし、養親の戸籍に入籍した特別養子の身分事項欄には、出生入籍日は記載されますが、その後「○年○月○日民法八一七条の二による裁判確定」と記載されるのみで、「特別養子」という文言は記載されません。また、父母欄にも実親の氏名は記載されず「養親」の記載欄もありません。父母欄に養親の氏名が記載され、続柄も養子という表記はされず、実子の場合と同じです。

なぜこのような表記なのかというと、特別養子縁組の制度趣旨を鑑みて、実の子として監護養育すべきであるし、また、特別養子であることを知られたくない人が多いからです。それでも「○年○月○日民法八一七条の二による裁判確定」という表記が必要なのは、戸籍をさかのぼることで、実父母が誰であったか知ることができるようにして、養子自身の出自を知る権利や、実親の近親者との近親婚の防止に配慮する必要もあるからです。

以上の説明を、具体例で見てみましょう。

東京都北区に本籍のある小林とし子が、平成18年7月25日に、娘の恵子を出産（出産日は7月22日）した届出をしたものの、その父親から認知をされていない場合で、平成23年5月2日に、恵子が東京都台東区に本籍のある佐藤健太郎と妻裕子（二人は平成19年6月1日に婚姻届出）との間で特別養子になる縁組の裁判が確定し、同月12日に養父母が届出をしたという事例です。

(イ) まず実の親である小林とし子についての戸籍です。

小林とし子は、非嫡出子の恵子を生み、その結果母親となりました。そのため、恵子の出生届が提出された平成18年7月25日に、小林とし子を戸籍筆頭者とする戸籍が新しく編製されました（①）。

恵子の父親は、恵子を自分の子と認知していませんので、恵子の父欄は空白となります（②）。

その後、恵子についての特別養子縁組の裁判が確定し、養父母からその旨の届出がありますと、恵子の身分事項欄に記載されます（③）。今回の場合は、平成23年5月2日に特別養子縁組の裁判が確定し、養親となる佐藤夫妻がそのことを届け出ています。あとは区役所内の仕事ですが、恵子については、恵子の実母と同じ本籍地で、一旦養親と同じ氏である「佐藤恵子」単独の戸籍を新しく編製します。そのため、恵子は、実母の戸籍から除籍されます。

このように、特別養子縁組の場合は、一旦実親と同じ本籍地で、養親と同じ氏での養子単独の新しい戸籍が編製されます。これが普通養子縁組と大きく違うところです。普通養子縁組の場合は、このようなことをせず、実親の戸籍から直ちに養親の戸籍に入籍して、実の親の戸籍からは除籍されます。

本籍　東京都北区○○

氏名　小林とし子

平成拾八年七月弐拾五日編製㊞……①

（出生事項省略）

子の出生届出平成拾八年七月弐拾五日東京都北区○○小林○○

戸籍から入籍㊞……①

父　小林○○

母　（省略）

長女

出生　（省略）

とし子

平成拾八年七月弐拾弐日東京都北区○○で出生同月弐拾五日母

届出入籍㊞……①

平成弐拾参年五月弐日特別養子となる縁組の裁判確定同月拾弐

日養父母届出同月弐拾日東京都台東区長から送付東京都北区○○

に佐藤氏の新戸籍編製につき除籍㊞……③

父　❷

母　小林とし子

女

出生　平成拾八年七月弐拾弐日

恵子

除籍

(ロ)次に、今回の場合で、「佐藤恵子」単独の戸籍が新しく作られた、その戸籍を見てみましょう。

本籍	東京都北区○○……④
氏名	佐藤　恵子　⑤

平成弐拾参年五月弐拾日編製㊞……④

平成弐拾参年五月弐拾日消除㊞……⑧

平成拾八年七月弐拾弐日東京都北区○○で出生同月弐拾五日母届出入籍㊞

平成弐拾参年五月弐日佐藤健太郎同人妻裕子の特別養子となる縁組の裁判確定同月拾弐日父母届出同月弐拾日東京都台東区長から送付東京都北区○○小林とし子戸籍から入籍東京都台東区○○佐藤健太郎戸籍入籍につき除籍㊞……⑥

父	佐藤健太郎
母	裕子
	長女 ⑦
	恵子
出生	平成拾八年七月弐拾弐日

特別養子縁組の裁判が確定したので、佐藤恵子単独、つまり佐藤恵子を戸籍筆頭者とする戸籍が新しく作られました（④）。この時点での佐藤恵子の本籍地は、実親の本籍地と同じです。しかし、名前については、もともとの「小林恵子」から養親と同じ氏の「佐藤恵子」となります（⑤）。

佐藤恵子の身分事項欄には、出生事項が記載され、その次に養子縁組事項が記載されます（⑥）。ここで先ほどの(イ)で挙げた戸籍の③と見比べていただきたいのですが、「特別養子となる縁組の裁判確定」という文言は共通ですが、③の戸籍にある「養父母届出」の記載が、新しい戸籍の⑥では「父母届出」となっています。もし⑥で「特別養子」の旨の文言がなければ、佐藤恵子が養子なのかどうか分かりません。

実際、佐藤恵子の父母欄には、養親である佐藤健太郎、佐藤裕子の氏名が記載されており、続柄欄は養子ではなく「長女」と記載されます（⑦）。この欄だけを見れば、佐藤恵子は佐藤健太郎と裕子の実子と読めます。このように表記することが、実の子として監護養育すべきという特別養子縁組の制度趣旨に合致しているのです。

⑥の記載をそのまま読み進めますと、佐藤恵子は佐藤健太郎の戸籍に入籍したために除籍となり、戸籍事項欄には除籍日が記載されます（⑧）。この除籍日は、新戸籍編製日と同じ日です（⑧）。

(ハ)それでは、佐藤恵子が入籍した佐藤健太郎の戸籍を見てみましょう。

本籍　東京都台東区○○

氏名　佐藤健太郎

平成拾九年六月壱日編製㊞

（出生事項省略）
平成拾九年六月壱日○○裕子と婚姻届出（旧本籍地省略）戸籍から入籍㊞

夫　健太郎
父　（省略）
母　（省略）
男長
出生　（省略）

（出生事項省略）
平成拾九年六月壱日佐藤健太郎と婚姻届出（旧本籍地省略）戸籍から入籍㊞

妻　裕子
父　（省略）
母　（省略）
女長
出生　（省略）

平成拾八年七月弐拾弐日東京都北区で出生同月弐拾五日母届出入籍㊞
平成弐拾参年五月弐日民法八百十七条の二による裁判確定同月拾弐日父母届出東京都北区○○佐藤恵子戸籍から入籍㊞……⑨

恵子
父　佐藤健太郎
母　裕子
女長
⑩
出生　平成拾八年七月弐拾弐日

まず、養父母となった佐藤健太郎と裕子の各身分事項欄の記載をご覧ください。通常の養子縁組であれば、それぞれに養子縁組事項が記載されますが、特別養子縁組にはそのような記載はされません。養父母の戸籍の身分事項では、特別養子縁組があったかどうかは分からないようになっています。

次に、特別養子となった佐藤恵子の身分事項を見ますと、特別養子という文言はどこにも出てきません⑨。「民法八一七条の二による裁判」が特別養子縁組の裁判ですが、条文だけ記載するようにして、一見しただけでは特別養子縁組であると分からないようになっています。佐藤恵子の父母欄及び続柄欄を見ても、養親や養子という記載は一切出てきません⑩。

このように、佐藤恵子の身分事項をよく読み、民法八一七条の二について分からなければ、一見しただけでは、佐藤恵子は佐藤健太郎と佐藤裕子の実の子（長女）のように見えるわけです。

(3) 特別養子が含まれる場合の相続手続

特別養子は、実親との親族関係が断絶され、養親との親族関係が生じるだけですので、養親との関係では、通常の親子あるいは兄弟姉妹として相続関係を扱えばよいだけです。

相続人確定作業で戸籍を検討する際も、実親に関する相続では、特別養子縁組にて子が除籍されたという記載があれば、その子の除籍後の戸籍は不要です。

また、特別養子が死亡して被相続人となり、子がいない場合であれば、第二順位である親の調査をするとしても、特別養子の戸籍の身分事項欄に「〇年〇月〇日民法八一七条の二による裁判確定」という表記があれば、実親の戸籍は不要となります。

《コラム》相続税法における養子の数の制限

民法上は養子の数に制限はなく、10人でも20人でも養子にすることができます。ところが、相続税法上は相続税を計算する上で養子の数に制限を設けています。原則は実子がいない場合は2人まで、実子がいる場合は1人までです。特別養子縁組による養子や配偶者の連れ子と養子縁組を行った場合の養子などは実子として考えます。

相続税法で養子の数を制限するのは計算上、法定相続人の数が多ければ多いほど基礎控除の増加などによって相続税が安くなるためです。過去には節税や租税回避を目的とした養子縁組が頻繁に行われ、相続発生間近の被相続人に対し10名超の養子縁組を行うケースもあったようです。このような恣意的な租税回避を排除するため、昭和63年の税制改正により養子の数が制限されるに至りました。いわゆる〝やりすぎ〟に対しては法律で規制されてしまうことの典型例です。

2 非嫡出子を認知した場合

❶ 非嫡出子とは

非嫡出子とは、婚姻関係にない男女間に生まれた子どものことです。婚姻関係にある男女間の子を「嫡出子」といいますので、非嫡出子は「嫡出でない子」ということとなり、現行民法では、非嫡出子のことを単に「嫡出でない子」と称します。

非嫡出子となりますと、嫡出子と取扱いが異なりますが、現行法で一番大きいのは、「父親との法的な親子関係がないために、そのままでは父親の相続権がない」ということです。父親との法的な親子関係を生じさせるためには、父親に自分の子であると認めてもらう必要がありますが、このことを「認知」といいます（成年の子を認知するには、子の承諾が必要です）。現行法では、父親に認知をしてもらう方法と、非嫡出子から父親に対する認知の訴えを裁判所に提起して裁判所に認めてもらう方法とがあります。その他に、「認知調停」という方法もあります。これは、前の婚姻期間中に別居などで、事実上の離婚期間中に生まれた子について、前夫の子ではないことが明らかな場合に、離婚後三〇〇日以内に生まれた子であっても、別居など事実上の離婚時から三〇〇日以上経過していることを証明する書類などを提出することで、新しい夫の子であることを認めてもらう調停です。この調停が成立すれば、新しい夫の子として、戸籍に入籍させることができます。

なお、旧民法では、非嫡出子のうち、父の認知を受けた者を「庶子（しょし）」、父の認知のない子を「私生子（しせいし）」と称しました。

❷ 現行法・旧法における非嫡出子の認知の取扱い

認知について、旧法と現行法とは取扱いが異なりますので、最初に現行民法と旧民法とでの取扱いの異同について表にまとめました。

内　容	現行法での取扱い	旧法での取扱い
①　認知された子が入る戸籍	非嫡出子は、母の氏を称し、母の戸籍に入る。父親が後に認知をしても、そのまま母の戸籍に在籍したままとなる。ただし、父母が結婚して準正となった場合は、父母の戸籍の嫡出子となる。準正には、婚姻前に父に認知されていた子が、その父母の婚姻によって嫡出子となるもの（婚姻準正）と、婚姻後に父が認知することで嫡出子となるもの（認知準正）とがある。 ※　準正とは、非嫡出子が嫡出子の身分を取得することをいう。	最初は認知をされていないので、「私生子」という扱いとなるが、父に認知をされると「庶子」として扱われる。 父が戸主の場合、その戸主に認知された子は、子の側に父の家に入ることができない事由がない限り、父の家に入る。出生してから母の家に在籍していた子は、認知によって父の家に入籍する。 父が戸主の家族の場合は、父の家の戸主の同意があれば、父が戸主の場合と同様に、その子の側に父の家に入ることができない事由がない限り、父の家に入る。 父の家の戸主が同意しない場合、その子は母の家に入るが、母の家の戸主がそれに同意しなければ、その子は母の家にも入ることができない。その場合は、その子を戸主として一家創立をすることとなり、新たに戸籍が編製される。 →　旧民法で家制度、戸主の権限がいかに強かったかということを示す好例
②　認知事項の戸籍への記載	認知者（父親）と被認知者（子）双方の戸籍の身分事項欄に認知事項が記載され、子の戸籍の父の欄に、父の氏名が記載される。	被認知者（子）には、戸籍の事項欄に認知事項と、父の欄に父の氏名が記載されるが、認知者（父）の戸籍の事項欄には、何も記載されない（被認知者（子）は、原則として認知者（父）の戸籍に入っているので、被認知者（子）に認知事項を記載すれ

		ば、わざわざ父子双方に認知事項を記載しなくても、認知した事実が分かるため)。 もっとも父の家に入ることができなかった非嫡出子の場合でも、認知者（父）の戸籍には認知事項が記載されない。そのため、父の家に入ることができなかった非嫡出子は、父に認知されている旨の申し出がない限り、父が死亡して相続が発生しても、相続人と確認できない。
③ 認知事項の移記	被認知者（子）の戸籍に記載された認知事項は、転籍等の戸籍の編製替えや、婚姻、縁組等によって他の戸籍に入った場合、新戸籍又は他の戸籍に移記されなければならないとされている。一方、認知者（父親）の戸籍に記載された認知事項は、新戸籍や他の戸籍には移記されない。	被認知者（子）の戸籍に記載された認知事項は現行法と同じ。 一方、認知者（父）については、もともと戸籍の事項欄に認知事項は記載されないので、新戸籍や他の戸籍に移記されることはない。

(注) 出生時点から父に認知された子が入る戸籍（旧法のみ）

この場合、入る戸籍は、①で述べたように、父の家の戸籍に入る。父が戸主でない場合は、その戸主の同意次第で父の家に入るか母の家に入るかとなり、どの家にも入れなければ、一家創立をする。

婚外子が生まれてくる時点で父が認知している場合、その子の庶子出生届は父が出さなければならないとされていた。その出生届には認知届の効力が認められるので、その子の戸籍の事項欄には、「認知」という言葉は記載されていないから、認知の文言がないことだけで、父子関係を見落とすことがないように注意する必要がある。

また、子が庶子出生届で父の家に入ったり、あるいは父母双方の家に入ることができずに一家創立した場合、母の戸籍には、「庶子が父の戸籍にいる」とか、「一家創立した」という記載がない。逆に、父の家に入れず母の家に入ったり、一家創立した場合、父の戸籍には庶子について何も記載されない。

このような場合には、子からの申し出がない限り、父あるいは母の相続人であることが判明しない。

❸ 現行法の認知の戸籍の記載方法

(1) 認知事項の戸籍への記載

まず、現行法での取扱いから説明していきます。

現行法では、被認知者（子）が認知者（父）に認知された場合、認知者である父と、被認知者である子の双方の戸籍の身分事項欄に認知の記載がされます。

認知者（父）の戸籍には、「いつ、どこに本籍のある誰々（母親）同籍の子誰々を認知届出」という記載がされます。注意していただきたいのは、認知しただけでは父親の戸籍にその被認知者の子として入籍することはない、ということです。ですから、父親の身分事項欄を注意して読んでください。

例えば、東京都中央区に本籍のある田口敏夫（妻は桂子）が、東京都豊島区に本籍のある田中礼子との間に、平成2年3月3日に非嫡出子の一夫をもうけ、田口敏夫が平成5年5月5日に一夫の認知の届出をした場合を見てみます。

本籍　東京都中央区○○

氏名　田口　敏夫

（省略）

（出生事項省略）

（婚姻事項省略）

平成五年五月五日東京都豊島区○○田中礼子同籍一夫を認知届

出㊞……①

父（省略）
母（省略）
（省略）
夫　敏夫
出生（省略）

（出生事項省略）

（婚姻事項省略）

父（省略）
母（省略）
（省略）
妻　桂子
出生（省略）

この場合、田口敏夫の身分事項欄に、平成5年5月5日に、東京都豊島区の田中礼子同籍一夫を認知した旨記載されます（①）。先に述べたとおり、田口敏夫の戸籍に一夫は入籍しません。認知した子がいるかどうか、夫の身分事項欄をよく確認しないと、認知した子を見落としてしまう可能性があります。

一方、被認知者の戸籍は、その母親の戸籍に在籍しています。その母親は、もし未婚で自分の父母の子として在籍していた場合、被認知者が出生したことで、新しく母親を戸籍筆頭者とする戸籍が編製され、その戸籍に被認知者が記載されます。認知前は、身分事項欄には出生届での記載があり、父母欄のうち父の欄は空白とされていました。それが認知によって、身分事項欄には「いつ、どこに本籍のある誰々（認知者）認知届出」という記載がされ、父の欄に認知者が記載されます。

なお、続柄欄も、以前は認知の有無にかかわらず、男あるいは女と記載されていましたが、平成16年11月1日以降、出生順に、長男とか長女などと記載されるようになりました。

先ほどの例で、認知される側の一夫の戸籍は、母である田中礼子の戸籍に在籍したままです。では、田中礼子の戸籍を見てみましょう。

本籍　東京都豊島区○○

氏名　田中　礼子

平成弐年参月参日編製㊞

（出生事項省略）

子の出生届出平成弐年参月参日（旧本籍地省略）戸籍から入籍㊞

父　（省略）

母　（省略）

（省略）

出生　（省略）

礼子

平成弐年参月参日東京都豊島区で出生同日母届出入籍㊞

平成五年五月五日東京都中央区○○田口敏夫認知届出同月八日

同区長から送付㊞……①

父　田口敏夫 ②

母　田中礼子

男 ③

出生　平成弐年参月参日

一夫

田中礼子の戸籍に、子として一夫が入籍しています。これは、非嫡出子は母の氏を称することとされているためです。田中礼子を筆頭者とするこの戸籍は、一夫が出生したことで編製されました。そして、その一夫の戸籍の身分事項欄に、平成５年５月５日に、東京都中央区の田口敏夫が認知の届出をした旨の記載がされます（①）。その結果、認知されるまで空白とされていた一夫の父の欄に、田口敏夫が記載されます（②）。

ここで注意していただきたいのは、一夫の続柄です（③）。非嫡出子は、父の認知の有無に関係なく、「男」あるいは「女」と記載されていました。これを見れば、嫡出子は長男や長女などと記載されていることとの比較で、非嫡出子であることが判別できました。しかし、平成16年11月１日以降、非嫡出子であっても出生の順に長女や長男などと表記されることとなりました。また、それ以前の非嫡出子も、申し出をすれば、そのような表記に改めることができるようになりました。

⑵　認知事項の移記

認知者（父親）の戸籍に記載された認知事項は、新戸籍や他の戸籍には移記されません。つまり、認知者が転籍等で戸籍の編製替えや婚姻・縁組等で他の戸籍に入籍した場合、その転籍後の戸籍だけで被認知者がいないものと判断してしまうと、被認知者の存在を忘れてしまいます。

先ほどの例で、認知者である田口敏夫が、平成６年４月１日に東京都中央区から京都市下京区に転籍した場合の戸籍をご覧ください。

本籍	京都市下京区○○
氏名	田口　敏夫

平成六年四月壱日東京都中央区○○から転籍届出㊞

（出生事項省略）
（婚姻事項省略）

父	（省略）
母	（省略）
	（省略）
夫	敏夫
出生	（省略）

（出生事項省略）
（婚姻事項省略）

父	（省略）
母	（省略）
	（省略）
妻	桂子
出生	（省略）

転籍後の戸籍には、認知事項について何も記載されていません。記載漏れがあるように思われるかもしれませんが、認知者の戸籍に記載された認知事項は、転籍等戸籍の編製替え、婚姻・縁組等により他の戸籍に入籍した場合、新戸籍や他の戸籍に移記されません。

ですから、転籍後の戸籍だけを見て、認知した非嫡出子がいないと早合点しないように気をつけてください。

一方、被認知者（子）の戸籍に記載された認知事項は、転籍等戸籍の編製替えや、婚姻、縁組等によって他の戸籍に入った場合、新戸籍又は他の戸籍に移記されなければならないとされていますので、新戸籍でもいつ誰が認知をしたのかが分かります。

先ほどの例で、今度は、認知される側の一夫の戸籍について、母である田中礼子が平成6年5月1日に東京都豊島区から京都市下京区に転籍した場合の戸籍をご覧ください。

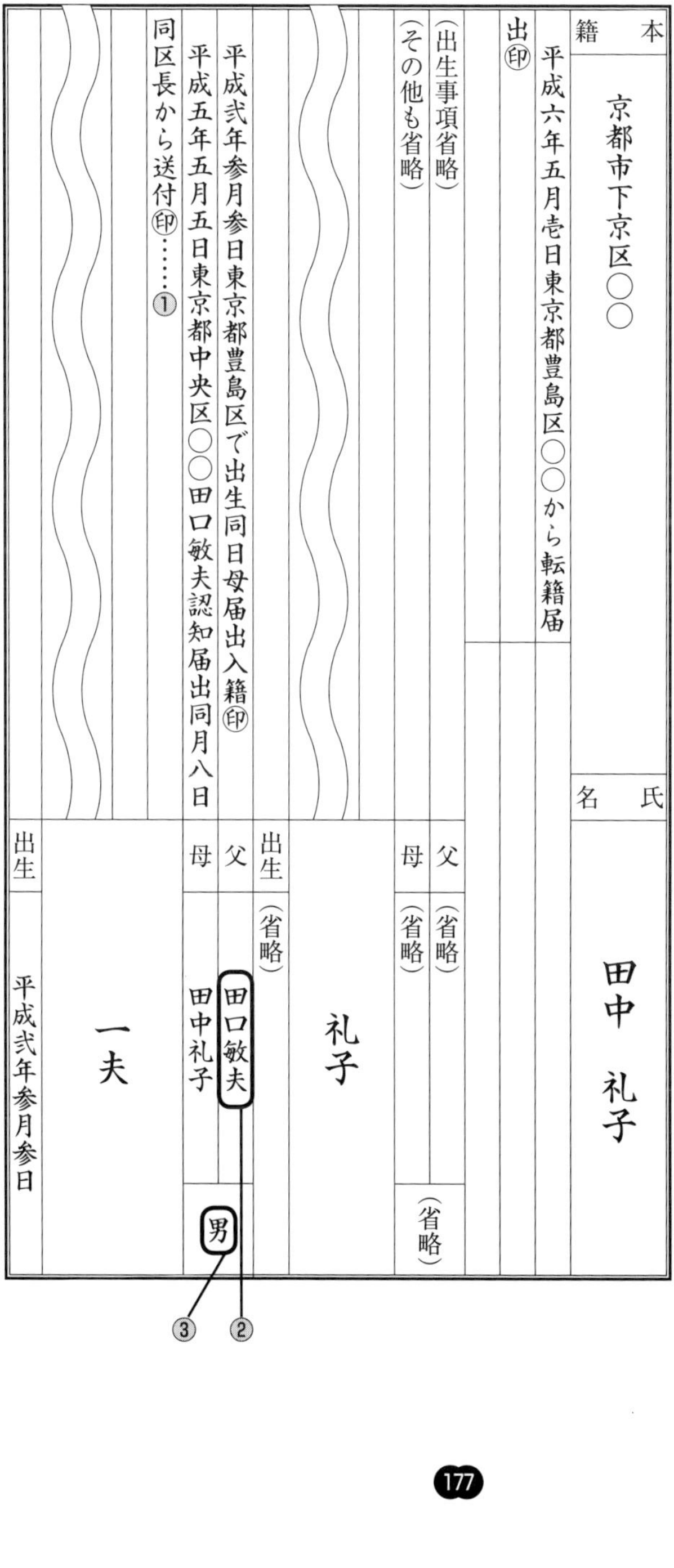
本籍　京都市下京区○○

氏名　田中　礼子

平成六年五月壱日東京都豊島区○○から転籍届出㊞

（出生事項省略）

（その他も省略）

父（省略）　母（省略）　（省略）

礼子

出生（省略）

平成弐年参月参日東京都豊島区で出生同日母届出入籍㊞

平成五年五月五日東京都中央区○○田口敏夫認知届出同月八日同区長から送付㊞……①

父　田口敏夫（②）

母　田中礼子

男（③）

一夫

出生　平成弐年参月参日

一夫の戸籍の身分事項欄に、平成5年5月5日に、東京都中央区の田口敏夫が認知の届出をした旨の記載がされます（①）。そして、一夫の父の欄に、田口敏夫が記載され（②）、一夫の続柄も記載されます（③）。これは転籍前の被認知者である子の戸籍と同じで、転籍前の戸籍から認知事項が移記されているのです。

❹ 旧法における認知の戸籍の記載方法

(1) 認知した父が戸主の場合

被認知者は、被認知者の側に父の家に入ることのできない事由がない限り、原則として認知者である父の家に入ります。ですから、子の事項欄には、被認知者である子の身分事項欄に「どこに本籍がある、（母方の）戸主誰々の孫が、認知届でいつ受付されて入籍したか」のような記載がされ、母の欄には実母の氏名、続柄欄には単に男、あるいは女と記載されます。

一方、**父の身分事項欄には、認知について何も記載されません。**

先ほどの登場人物で、日付を変えて旧戸籍法が適用された場合の例を挙げてみます。例えば、東京都××区○○に本籍のある田口敏夫（妻は桂子）が、東京都△△区○○に本籍のある田中礼子との間に、昭和5年3月3日に非嫡出子の一夫をもうけ、田口敏夫が昭和15年5月5日に一夫の認知の届出をした場合です。

本籍　東京都××区○○

前戸主　田口太郎右衛門

（出生事項省略）

（家督相続事項省略）

（婚姻事項省略）

※　認知事項は記載されない。

（出生事項省略）

（婚姻事項省略）

東京都△△区○○戸主○○孫父田口敏夫認知届出昭和

拾五年五月五日受付入籍㊞……①

戸主

前戸主との続柄　亡田口太郎右衛門　長男

父　亡田口太郎右衛門

母　（省略）

長男

出生　（省略）

田口　敏夫

妻

父　（省略）

母　（省略）

（省略）

出生　（省略）

桂子

子

父　田口敏夫

母　田中礼子

男

出生　昭和五年参月参日

一夫

旧法では、「被認知者は、被認知者の側の父の家に入ることができない事由がない限り、原則として認知者である父の家の戸籍に入る」こととされています。これが現行法と大きく違うところです。

そのため、このケースでは、被認知者の一夫は、認知をした戸主の田口敏夫と同一の戸籍に在籍していました。そして、一夫の身分事項欄には、もともと一夫が入籍していた戸籍の本籍地と戸主が記載され、本件では父親の田口敏夫が昭和15年5月5日に認知の届出をした旨が記載されます（①）。

注意していただきたいのは、田口敏夫の身分事項欄に、一夫の認知事項が一切記載されていないことです。これは、同じ戸籍にある子の身分事項欄を読めば認知事項が記載されており、その子と父との関係が分かるためです。「現行法では父親の身分事項欄に記載される認知事項が、旧法では記載されていない」ということに注意してください。現行法の考え方で旧法の戸籍を検討すると、認知をした非嫡出子は存在しない、という誤った判断をしてしまいます。

この戸籍では、昭和15年5月5日に一夫が田口敏夫の戸籍に入籍していますが、それでは、田口敏夫に認知届出される前の一夫の戸籍はどのようなものだったのでしょうか。その戸籍を見てみましょう。

本籍　東京都△△区○○

前戸主　田中　○○

（すべての事項省略）

戸主

前戸主との続柄　（省略）

父　（省略）

母　（省略）

（省略）

出生　（省略）

（出生事項省略）

長女

父　（省略）

母　（省略）

長女

出生　（省略）

礼子

東京都△△区○○ニ於テ出生母田中礼子届出昭和五年参月参日受付入籍㊞

父東京都××区○○田口敏夫認知届出昭和拾五年五月五日受付同月拾日送付除籍㊞……④

孫……②

父

母　田中礼子　③

男

一夫

出生　昭和五年参月参日

被認知者は、認知されるまでは母親の属する戸主の同意があれば、その母親の家の戸籍に記載されます。

このケースでは、一夫は、母である田中礼子が属する家の戸籍に記載されます。そして、田中礼子の親から見れば、一夫は孫ですから、孫として記載されます（②）。そして、まだ田口敏夫から認知されていないことから、一夫の父欄は空白のままです（③）。

その後、昭和15年5月5日に田口敏夫に認知されたため、一夫は田口家の戸籍に移籍し、母である田中礼子の属する家の戸籍からは除籍されます（④）。

(2)　**認知した父が戸主の家族であり、戸主が被認知者の入家に同意した場合**

この場合、戸主が被認知者の入家に同意をしていますから、被認知者は父と同じ家の戸籍に入籍します。この場合の被認知者の身分事項欄等の記載は、(1)の認知した父が戸主の場合と同様です。また、父の身分事項欄に、認知について何も記載されない点や、母親の属する戸籍についての記載及び除籍についても、(1)の場合と同様です。

(3)　**認知した父が戸主の家族で、戸主が被認知者の入家に同意しない場合**

この場合は、戸主が被認知者の入家に同意していない以上、被認知者は認知者の戸籍に記載されません。そのため、被認知者は、母の戸籍に在籍したままとなります。ただし、認知者が認知をしている以上、被認知者の身分事項欄には、父が認知の届出をした旨の認知事項が記載され、父の欄に認知者の氏名が記載されます。

(1)で挙げた具体例である、東京都××区○○に本籍のある田口敏夫（妻は桂子）が、東京都△△区○○に本籍のある田中礼子との間に、昭和5年3月3日に非嫡出子の一夫をもうけ、田口敏夫が昭和15年5月5日に一夫の認知の届出をした場合で、戸主は田口敏夫ではなく別の者であり、その戸主が被認知者である一夫の入籍に同意しない場合の、被認知者である一夫の戸籍を見てみましょう。

本籍　東京都△△区○○

前戸主

（すべての事項省略）

戸主　田中　○○

前戸主との続柄（省略）　父（省略）　母（省略）　（省略）

（省略）

出生（省略）

（出生事項省略）

長女　礼子

父（省略）　母（省略）　長女

出生（省略）

東京都△△区○○ニ於テ出生母田中礼子届出昭和五年参月参日受付入籍㊞

父東京都××区○○田口敏夫認知届出昭和拾五年五月五日受付㊞……①

孫　一夫

父　田口敏夫……②

母　田中礼子

男

出生　昭和五年参月参日

(2)で述べたように、戸主が被認知者の入籍に同意していれば、被認知者は父と同じ家の戸籍に入籍できます。しかし、戸主が同意しなければ、被認知者は父と同じ家の戸籍に入籍できません。そのため、認知がされていても、被認知者である一夫は相変わらず母の戸籍に在籍し続けることになります。

その結果、先ほどの例ですと、被認知者である一夫は、田中礼子と同じ家の戸籍にとどまります。その戸籍と、(1)の「被認知者（子）側の戸籍」とを比べてみてください。ほとんど記載内容は同じですが、一夫の身分事項には認知された旨の記載があるだけで除籍されていないこと（①）が大きな違いです。また、一夫はそのまま母の属する家の戸籍にとどまりますが、認知はされていますので、一夫の父の欄には田口敏夫の名前が記載されます（②）。

ただ、(1)の戸籍と大きく異なることは、「一夫が田口敏夫の戸籍に移籍しない」ことです。(1)の場合ですと、一夫の身分事項欄に田口敏夫から認知された旨の記載があり、それが田口敏夫の戸籍と同じ戸籍に記載されています。しかし、今回の(3)の場合は、田口敏夫の戸籍とは別の戸籍のままです。そして、(1)の場合と同様、田口敏夫の身分事項欄には、一夫の認知事項は一切記載されません。つまり、田口敏夫の戸籍からは、一夫を認知したことが全く分からず、一夫からの申し出がない限り、一夫が田口敏夫の相続人であると認定する方法がありません。したがって、一夫が田口敏夫の相続人であることを主張するためには、一夫が戸籍を持参して認知があった旨を証明する方法しかありません。

(4) 戸主である父が庶子出生届出を行い、認知した子を自己の戸籍に入れた場合

この場合、被認知者は、父の戸籍にはじめから記載されます。その際、被認知者の身分事項欄には、認知届出をされた旨の記載はなされず、出生届出の記載がされるだけです。したがって、一見しただけでは非嫡出子であることや認知をされたことは分かりません。父母欄の母の欄が戸主の妻の氏名と異なることや、続柄が男あるいは女と記載されていることから、非嫡出子であることが分かります。

庶子出生届出には、認知届の効力が認められるので、戸主からの出生届出がある以上、父に認知をされたことになります。

(1)の具体例で、田口敏夫が認知届ではなく、昭和５年３月５日に庶子出生届出をした場合、田口敏夫の戸籍は次のようになります。

本籍	東京都××区○○
前戸主	

（出生事項省略）
（家督相続事項省略）
（婚姻事項省略）

（出生事項省略）
（婚姻事項省略）

東京都△△区○○戸主田中（省略）長女礼子東京都△△区○○ニ於テ子出生父田口敏夫届出昭和五年参月五日受付入籍㊞

戸主		妻	子
前戸主との続柄	亡田口太郎右衛門 長男		
父	亡田口太郎右衛門	（省略）	田口敏夫
母	（省略）	（省略）	田中礼子
続柄	長男	（省略）	男
名	田口太郎右衛門 / 田口 敏夫	桂子	一夫
出生	（省略）	（省略）	昭和五年参月参日

今回の具体例ですと、田口敏夫の戸籍に一夫がはじめから入籍しており、母の欄には田中礼子の名前が記載されています。しかし、田中礼子の戸籍には、一夫のことが一切記載されていません。したがって、一夫が田中礼子の子として相続人であることを主張するには、この田口敏夫の戸籍を持参して証明する方法しかありません。

3 外国人と婚姻した場合

❶ 外国人と婚姻した場合の、それぞれの国籍

グローバル化の影響かどうかは分かりませんが、近年国際結婚が増えており、配偶者が外国人という方も多くなっています。電話口で片言の日本語を話す人だなと思って実際会ってみたら、実は外国の方だったということが、最近多くなったような気がします。

日本国籍を有する者同士が婚姻した場合、婚姻によって新たに戸籍が編製され、その戸籍に夫婦の各事項が記載されます。しかし、外国人と婚姻した場合、それぞれ国籍はありますが、現在の国籍法では、婚姻しても夫婦の国籍が変わることはありません。例外的に、外国人が帰化して日本国籍を取得するか、あるいは日本人が帰化して外国籍を取得すれば、国籍が変わります。

なお、旧国籍法（昭和25年7月1日に施行された現行国籍法以前の国籍法）では、日本人男性と外国人女性とが婚姻した場合、その外国人女性は日本の国籍を取得し、日本人男性の戸籍に入籍しました。

❷ 外国人と婚姻した場合の戸籍の記載方法

現在の国籍法では、例外的なことがない限り、婚姻によって国籍は変わらないので、日本国籍でない外国人が戸籍に記載されることはなく、日本人は戸籍から除かれることもありません。また、氏の変更についても、外国人配偶者の氏に変更するには、婚姻後6か月以内に届出をする必要があります。しかし、これでは外国人と婚姻したかどうかが分からなくなります。そのため、外国人と婚姻した場合、戸籍のある日本人配

偶者について、その戸籍上の身分事項に「いつ、どの国籍の、誰（西暦の生年月日）と婚姻し、入籍したのか」が記載されます。例えば、高橋友子が、アメリカ合衆国籍のロバート・スミス（1966年12月20日生まれ）と、平成5年6月7日に婚姻し、同年12月1日にスミス姓に変更しました。そして、平成6年5月9日に長男の一郎が生まれた場合、次のような戸籍となります。

本籍　（省略）

氏名　スミス　高橋　友子 ③

平成五年六月七日編製㊞……①

平成五年拾弐月壱日戸籍法百七条二項の氏変更届出㊞……③

（出生事項省略）

平成五年六月七日国籍アメリカ合衆国スミス・ロバート（西暦千九百六拾六年拾弐月弐拾日生）と婚姻（本籍等中略）から入籍㊞……②

平成五年拾弐月壱日戸籍法百七条二項の氏変更届出（以下略）㊞……③

父　（省略）
母　（省略）
長女

妻　友子

出生　（省略）

平成六年五月九日○○で出生同月拾七日母届出入籍㊞……④

父　スミス・ロバート
母　スミス　友子
長男

一郎

出生　平成六年五月九日

(1)　高橋友子は、平成５年６月７日に婚姻していますから、その日に新しく戸籍が編製されます（①）。そのため、戸籍事項欄には、婚姻の日に戸籍編製とされています。もっとも、夫のロバート・スミスは、アメリカ合衆国籍のままですから、ロバートは新戸籍に入籍できません。その代わり、友子の身分事項欄に、配偶者のロバートの国籍、氏名、生年月日などの婚姻事項が記載されます（②）。なお、外国人の氏名について、その外国人の本国では、名が先に来て氏が後になるパターンもありますが、日本の戸籍上はあくまでも氏が先に、名は後に記載されます。

(2)　その後、友子は、婚姻後６か月以内である平成５年12月１日に、氏を夫の氏であるスミスに変更しています。そのため、戸籍筆頭者の欄の高橋姓に抹消線が引かれ、右にスミスと記載されます。また戸籍事項欄には、氏の変更が平成５年12月１日にあった旨記載されます（③）。

(3)　そして、平成６年５月９日に友子とロバートの間に生まれた一郎は、母が日本国籍のため、日本国籍を取得して友子の戸籍に入籍しました（④）。

現在では、婚姻した日本人が戸籍の筆頭者の場合を除き、具体例のように、新たに戸籍が編製されることになりました。しかし、現在の戸籍法が施行された昭和25年から、昭和60年１月１日までは、外国人と婚姻した日本人の戸籍は、新たに編製されることはありませんでした。

❸　外国人と婚姻した場合の相続関係

外国人と婚姻しても、外国人配偶者は日本国籍を得ません。しかし、相続については、被相続人の本国法によるとされています。そのため、被相続人が日本人の場合、その配偶者である外国人は民法規定に従った相続権を有することになります。また、日本人と外国人配偶者との間に生まれた子は、出生の時に父又は母が日本国民であれば、その子は当然に日本国籍となりますので、この条件を満たせば子も民法規定に従った相続権を有することになります。

4 妻の氏を称する場合

❶ 戸籍の記載方法

現行法では、婚姻をすれば原則、新戸籍が編製されます。この戸籍の筆頭者は、婚姻後の氏をどちらにするかで異なってきます。すなわち、婚姻後の氏を夫の氏とすれば、夫が戸籍筆頭者となり、婚姻後の氏を妻の氏とすれば、妻が戸籍筆頭者となります。

婚姻後の氏を夫の氏とすることが多いのですが、妻の氏とすることができる以上、妻を筆頭者とする戸籍もあります。妻の氏を称する場合、婚姻後の新戸籍では、本籍欄の下にある戸籍筆頭者氏名が妻となり、戸籍の順番もまず妻の身分事項等の記載があり、その次に夫の身分事項の記載がされます。

例えば、婚姻前の妻の戸籍と夫の戸籍をご覧ください。戸田好子さんが佐藤慎一さんと婚姻し、佐藤さんが妻の氏である戸田の氏を称することになったという例です。

(1) 婚姻前の戸田好子の戸籍

婚姻前の戸田好子の戸籍は、東京都大田区に本籍があり、昭和30年6月6日に佐藤慎一と婚姻しました。身分事項欄には、「佐藤慎一と婚姻妻の氏を称する旨届出」と記載されます。そして、夫婦世帯が新しくできたので、現行戸籍法では新戸籍が編製され、婚姻前の戸籍から除籍されます。

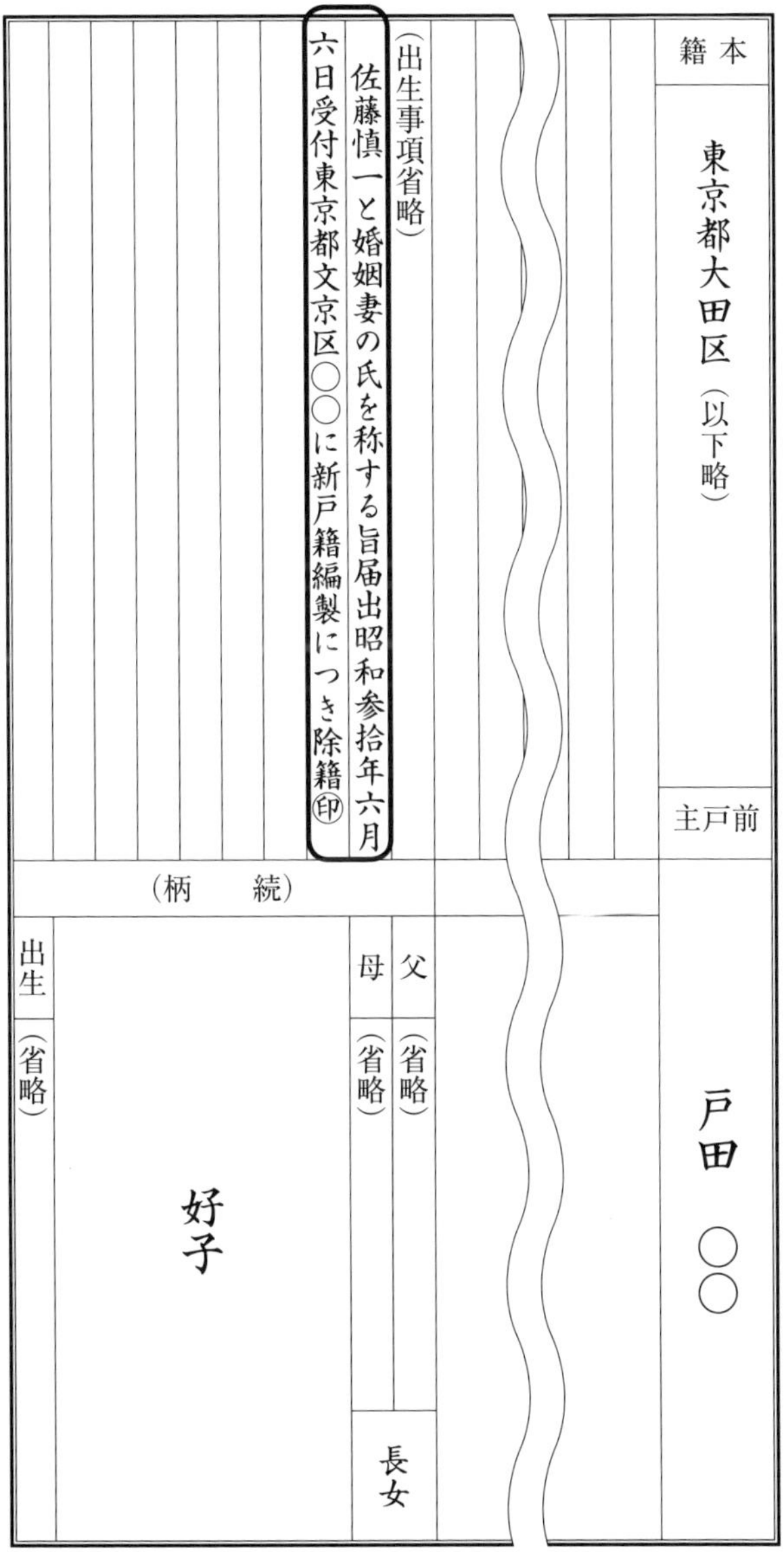

(2) 婚姻前の佐藤慎一の戸籍

婚姻前の佐藤慎一の戸籍は、東京都豊島区に本籍があり、昭和30年6月6日に戸田好子と婚姻しました。身分事項欄には、「戸田好子と婚姻妻の氏を称する旨届出」と記載されます。そして、夫婦世帯が新しくできたので、現行戸籍法では新戸籍が編製され、婚姻前の戸籍から除籍されます。

本籍　東京都豊島区（以下略）

前戸主（省略）

（出生事項省略）

戸田好子と婚姻妻の氏を称する旨届出昭和参拾年六月六日受付東京都文京区○○に新戸籍編製につき除籍㊞

父（省略）

母（省略）

続柄　長男

出生（省略）

慎一

(3) **妻の氏を称する婚姻後の戸籍**

戸田好子と佐藤慎一とが婚姻したので、新しく戸籍が編製されます。その本籍地を東京都文京区にしたという前提で、この戸籍では、佐藤慎一が、妻の戸田の氏を称します。そうしますと、戸籍筆頭者は妻の戸田好子となり、先に妻の戸籍、後に夫の慎一の戸籍が記載されます。お互いの身分事項では、特に夫が妻の氏を称したという記載はされません。

本籍　東京都文京区（以下略）

氏名　戸田　好子

婚姻の届出により昭和参拾年六月六日夫婦につき

本戸籍編製㊞

（出生事項省略）

佐藤慎一と婚姻昭和参拾年六月六日受付東京都大田区◯◯戸籍

より同日入籍㊞

父　（省略）

母　（省略）

長女

妻　好子

出生　（省略）

（出生事項省略）

昭和参拾年六月六日戸田好子と婚姻届出東京都豊島区◯◯戸籍

より同日入籍㊞

父　（省略）

母　（省略）

長男

夫　慎一

出生　（省略）

❷ 相続における注意点

戸籍上は妻が筆頭者ですが、あくまでも「妻の氏を称する」だけです。ですから、夫が養子になって妻の両親の遺産相続権を取得したというわけではありません。夫が妻の両親の遺産相続権を取得するには、夫が妻の両親と改めて養子縁組をしなければなりません。

妻の親を被相続人とする相続が発生した場合、夫の身分事項欄に、婚姻前か婚姻後に、妻の親と養子縁組をした旨の記載がない限り、その夫には相続権がありませんので、注意してください。

❸ 旧法における入夫婚姻の戸籍の記載方法

旧法では、現行法と異なり、婚姻をすれば、妻が夫の家に入ることを原則としています。しかし、妻の氏を称する場合のように、夫が妻の家に入ることがあります。これが「入夫婚姻」です。

入夫婚姻の条件として、婚姻相手の女性が、婚姻前の戸籍上、戸主であることが必要です。

入夫婚姻の場合に、夫と妻のどちらが新しく戸主になるかについて、大正4年以前と、大正4年以降とで扱いが異なります。

大正4年以前の場合は、婚姻の際に当事者が反対の意思表示をしなければ、入夫がその家の戸主になるとされていました。しかし、大正4年以降は、入夫婚姻届書に入夫が戸主となる旨の記載がなければ、妻が戸主のままとされました。

この記載がなければ、妻が引き続き戸主のままとなりますから、新戸籍は編製されず、妻の事項欄に入夫婚姻届出があった旨の記載がされて、夫は、妻の戸籍に入籍します。

もし入夫婚姻届書に、夫が戸主となる旨の記載があれば、戸主権は妻から夫となりますので、それまでの妻が戸主であった戸籍は除籍され、新たに夫が戸主となる旨の戸籍が作成されます。

なお、婚姻によって夫となる者の氏が妻の氏と変わるのですが、注意していただきたいのは、これも妻の親と養子縁組をした（婿養子となった）のではないということです。婿養子は、夫が妻と婚姻すると同時に、妻の親と養子縁組をするものです。入夫婚姻は、あくまでも婚姻のみです。夫の氏が妻の氏に変わっている点では共通のため紛らわしいですので、注意してください。

5　性同一性障害により戸籍を変更した場合

性同一性障害については、「性同一性障害者の性別の取扱いの特例に関する法律」（以下「性同一性障害者特例法」といいます）に規定されています。

❶ 性同一性障害者とは

性同一性障害者とは、生物学的には性別が明らかであるにもかかわらず、心理的にはそれとは別の性別（以下「他の性別」という）であるとの持続的な確信を持ち、かつ、自己を身体的及び社会的に他の性別に適合させようとする意思を有する者であって、そのことについてその診断を的確に行うために必要な知識及び経験を有する２人以上の医師の一般的に認められている医学的知見に基づき行う診断が一致しているものをいいます。

なお、日本精神神経学会では、「性同一性障害」では差別意識や不快感を生むとして、「性別違和」という病名を使うとの指針を設けました。

❷ 性別取扱い変更のための手続

性同一性障害者は、自身の住所地のある家庭裁判所に対して、性別取扱い変更の審判を申し立てることができます。

家庭裁判所は、その申立てと、その際添付された資料に基づいて、性同一性障害者特例法3条1項各号に該当するか審理をし、資料によって申立てが認められるときは、性別の取扱いの変更審判をします。

なお、この要件の一つである、「生殖腺がないこと又は生殖腺の機能を永続的に欠く状態にあること」を求める性同一性障害者特例法3条1項4号の規定が、意思に反して身体への侵襲を受けない自由を制約するとして憲法13条、14条1項に反し違憲ではないかと争われましたが、最高裁では合憲と判断しています（最高裁平成31年1月23日決定）。

この審判が効力を生じたとき、裁判所書記官は、遅滞なく、その変更審判を受けた者の本籍地の戸籍事務掌握者に対し、戸籍の記載を嘱託しなければなりません。

❸ 戸籍の記載例

以上のように、性別の変更審判に基づく戸籍の記載は、裁判所書記官による戸籍記載の嘱託によってなされます。

性別が変更されるのですから、性同一性障害者とその父母との続柄は、「男」から「女」、又は「女」から

「男」へと更正されます。戸籍法施行規則35条の「身分事項欄に記載すべき事項」では、同条第16号で、「性別の取扱いの変更に関する事項については、その変更の裁判を受けた者」について、その者の身分事項欄にこれを記載しなければならないとされています。そのため、その者の身分事項欄の記載で、性別変更がされたことを確認できます。

しかし、性同一性障害者の戸籍に記載されている者（その戸籍から除かれた者を含みます）が他にある時は、その性同一性障害者をもとの戸籍から除籍した上で新戸籍を編製し、その新戸籍において父母との続柄欄が更正されます。この場合は、その者の除籍した戸籍では性別変更がされていませんので、除籍後に編製されたその者の新戸籍の身分事項欄を見なければ、その者の性別変更が確認できません。

なお、新戸籍における父母との続柄欄の構成は、従前の戸籍における他の在籍者の戸籍の記載に影響を与えません。性同一性障害者が長男の場合、その者を除籍したのちに、男子の嫡出子が父母との間に出生した場合、その出生した子は「二男」と記載されます。

実際に戸籍を見てみましょう。例えば、今井勇が申し立てた性別取扱い変更の審判が平成16年8月8日に効力を生じ、名前を「優子」と変えた場合です。

まず、従前の戸籍がどのようになるのかを見てみましょう。

本籍　東京都千代田区〇〇

氏名　今井　太郎

（省略）

（すべての事項省略）

父　（省略）
母　（省略）
長男

夫　太郎

出生　（省略）

（出生事項省略）

平成拾六年八月八日平成拾五年法律第百拾壱号三条による裁判
発効同月拾壱日記録嘱託東京都千代田区〇〇に新戸籍編製につき
除籍㊞……①

父　今井　太郎
母　（省略）
男長

勇

出生　昭和五拾参年四月四日

この場合、特別養子縁組の場合と同様に、まず、従前の戸籍から除籍されます（①）。このとき、勇の身分事項欄には「平成十五年法律第百十一号三条による裁判発効」と記載されますが、これが性別取扱い変更の審判のことを示しており、一見しただけではそのような審判があったとは分からないようになっています。

そして、除籍された勇について、新しく戸籍が編製されます。次のような戸籍です。

本籍　東京都千代田区○○

氏名　今井　優子

平成拾六年八月拾壱日編製㊞

（出生事項省略）

平成拾六年八月八日平成拾五年法律第百拾壱号三条による裁判発効同月拾壱日記録嘱託東京都千代田区○○今井太郎戸籍から入籍㊞……②

平成拾六年八月拾壱日勇から名の変更届出㊞……③

父　今井　太郎

母　（省略）

長女……④

優子

出生　昭和五拾参年四月四日

この戸籍では、既に筆頭者が性別変更後の名前である「今井優子」となっています。そして、身分事項欄には、「平成十五年法律第百十一号三条による裁判発効」と記載されます②が、これが性別取扱い変更の審判のことを示しており、一見しただけではそのような審判があったとは分からないようになっていま す。その上で、同じ日に名の変更の届出があった旨の記載がされます③。これは、名前が「勇」から「優子」に変更となっており、名の変更に関する事項は、戸籍の身分事項欄に記載しなければならない事項であると規則で定められていることによります。この際、もともとの名前である「勇」が記載されるかどうかですが、変更前の名が記載されると考えた方がよさそうです。これは、「今井勇」と「今井優子」とが同一人物であることを認定するために必要ということのようです。

そして、父母との続柄欄は、「長女」と変更されます④。

第5章

現場で知っておくべき注意点

1

3世代同居する戸籍と、2世代しか同居しない戸籍（旧法と現行法との違い）

被相続人が生まれてから死亡するまでの戸籍を全て取り寄せると、ずいぶん昔の戸籍には、一つの戸籍に本人の兄の嫁とか、孫という欄がある戸籍、つまり3世代以上の記載のある戸籍があります。一方、最近の戸籍には、本人と妻と子どもだけ、つまり2世代しか記載されていません。

これは、旧戸籍（明治31年式、大正4年式）と、戦後の現行戸籍とでは、その根拠となる戸籍法が異なることが理由です。

旧戸籍では、現行の民法と異なり、「家」制度を重視しており、家の長たる戸主を中心に戸籍が作成されました。したがって、家の長たる戸主の家族であれば、一つの戸籍に記載されていたのです（詳細は第3章91頁参照）。

一方、現行戸籍は、戦後の民法改正によって、これまでの家制度の戸主などの概念が排除され、一世帯は夫婦と子の単位で考えられるようになりました。戸籍法も改正され、子どもが婚姻した場合はその子どもは父母の戸籍から除籍されて新たにその子どもを世帯主とする戸籍が編製されることとされました。その結果、一つの戸籍には親子の2世代しか記載されなくなりました（詳細は第3章93頁参照）。

現実に、一つの建物に3世代同居している方もいらっしゃいますが、現行の戸籍法では、別々の戸籍になっています。ですから、同居しているからといって、同居者全員が一つの戸籍に記載されているわけではありません。

2 戸籍の編製要因が2つ以上記載されている場合

戸籍が新しく作成される際、戸籍編製事項として、いつ、どのような原因で戸籍が作成されたのかが記載されます。これを見れば、その戸籍がいつ作成されたのかが分かります。

しかし、旧法戸籍では、新戸籍が編製された際に、従前戸籍の記載事項は、全て移記する取扱いがされていました。例えば過去に何度も転籍していれば、その転籍地の戸籍には、新しい戸籍編製事項も含め、全ての転籍事項が移記されていました。通常であれば、戸主の事項欄にある複数の戸籍編製事項の記載がある場合、一番新しい年月日の戸籍編製事項が記載されていれば、その年月日がその戸籍の編製日です。しかし、旧法戸籍の戸籍編製原因を理解して戸主の事項欄をチェックしないと、戸籍の編製日を誤る可能性があります。

具体例として、次の戸籍をご覧ください。

本籍地	東京都神田区今川小路一ノ一
前戸主	甲野 宗一郎
	本籍ニ於テ出生父甲野宗一郎届出明治弐拾年参月六日受付入籍㊞……①
	乙山花子ト婚姻届出大正五年六月弐日受付㊞……②
	大正六年弐月八日前戸主甲野宗一郎死亡ニ因リ家督相続届出同年参月壱日受付㊞……③
	京都府綴喜郡宇治田原町北亀田弐拾参番地ヨリ転籍甲野太郎同人妻花子届出大正拾参年壱月弐拾日受付入籍㊞……④
	昭和弐拾年四月六日午後四時本籍ニ於テ死亡同居者甲野敬一届出同月弐拾日受付㊞……⑤
	昭和弐拾年五月七日甲野敬一ノ家督相続届出アリタルニ因リ本戸籍消除㊞……⑥
前戸主トノ續柄	亡 甲野宗一郎 長男
父	亡 甲野宗一郎
母	亡 甲野 ヨネ
	長男
戸主	甲野 太郎
出生	明治弐拾年参月五日

この戸籍によると、戸主である甲野太郎の本籍地は東京都神田区今川小路一ノ一と記載されていますが、戸籍事項欄には、

① 明治20年3月6日に出生届が出され、
② 乙山花子と大正5年6月2日に婚姻した旨の届出が出され、
③ 大正6年2月8日に前戸主甲野宗一郎が亡くなって、甲野太郎が家督相続をし、
④ 大正13年1月20日に京都府綴喜郡宇治田原町北亀田23番地から転籍し、

⑤　昭和20年4月6日午後4時に本籍地で死亡、
⑥　昭和20年5月7日に甲野敬一の家督相続届出によって本戸籍消除、
と記載されています。

このうち、旧法戸籍での戸籍編製原因は、③の家督相続と、④の転籍です（詳細は、第3章92頁参照）。ここで先ほど説明しました、「大正4年式戸籍では、新戸籍が編製された際に、従前戸籍の記載事項は、全て移記する取扱いがされていた」ことを思い出してください。つまり、戸籍が編製替えされると、その回数分、戸籍編製原因の履歴が、新たな戸籍に記載されていきます。そうすると、戸籍編製原因のうち、一番新しい年月日の戸籍編製原因のもの（先ほどの例では④）が、その戸籍の編製原因であり、編製日となるのです。

結論としてはこの戸籍は④の大正13年1月20日以降を記録したものになるのですが、もし、この戸籍の編製原因が③の家督相続の時、と判断してしまうと、大正6年2月から大正13年1月までの期間の戸籍の確認を怠り、この間に戸籍に記載されている相続人を見落とすおそれがあります（詳細は第3章一二〇頁参照）。

3　本籍地が線で抹消されている場合

戸籍に記載された本籍地に線が引かれて抹消されている場合があります。その場合は、次の2つが可能性として考えられます。いずれの場合も抹消によって新しい戸籍が編製されるわけではありません。

(1) 行政区画の名称変更の場合

戸籍の中には、本籍欄に記載された地名に、一本線が引かれて、その右側に別の地名が記載されていることがあります。一本線で引かれている地名は、抹消されたという意味です。その右に記載されているものが、更正されたものです。

例えば、その地名や地番など、行政区画の名称変更があれば、それが更正されます。戸籍事項欄には、「いつ、行政区画の名称変更につき、本戸籍欄中のどこを何に更正」と表記されます。

(2) 管内転籍の場合

行政区画の名称変更ではない場合であれば、管内転籍の可能性が考えられます。

戸籍の管理は、市区町村で行われるため、同じ市区町村内での転籍であれば、新戸籍は編製されず、本籍欄の更正、つまり旧本籍地の部分を線で抹消し、その右に転籍先が記載されます。この更正方法は、旧戸籍でも現行戸籍でも変わりません。

「どこにいつ転籍届出をしたのか」という転籍事項は、旧戸籍では戸主の身分事項欄に記載されますが、現行戸籍では、転籍事項は身分事項ではないとして、身分事項欄に記載されず、全員に共通な事項を記載する戸籍事項欄にのみ記載します（詳細は第3章一一九・一二四頁参照）。

4 認知された子どもは父母どちらの戸籍に入るか

現行法では、嫡出でない子（非嫡出子）は、母の氏を称し、母の戸籍に入ることとされています。そして父親が後に認知をしても、そのまま母の戸籍に在籍したままとなります。ただし、父母が結婚して準正となった場合は、父母の戸籍の嫡出子となります。

しかし、旧戸籍法では、被認知者は、被認知者の側に父の家に入ることのできない事由がない限り、原則として認知者である父の家に入るとされていました。したがって、昭和22年前後で取扱いが異なりますので、ご注意ください（詳細は第4章一六九頁以下参照）。

※　準正とは、非嫡出子が嫡出子の身分を取得することをいいます。

5　養子・認知があった場合の戸籍の在籍期間の見方

(1)　戸籍の在籍期間の見方

相続人を確定させるためには、まず被相続人の出生から死亡までの間の戸籍を揃える必要があります。そのためには、「それぞれの戸籍が、いったいいつ編製され、いつ消除されたのか」ということと、「被相続人が、それぞれの戸籍で、いつからいつまで在籍していたのか」を確認しなければなりません。

具体例として、本章**2**で紹介した二〇四頁の戸籍をご覧ください。

この戸籍によると、戸主である甲野太郎の本籍地は東京都神田区今川小路一ノ一と記載されていますが、戸籍事項欄には、

①　明治20年3月6日に出生届が出され、

②　乙山花子と大正5年6月2日に婚姻した旨の届出が出され、

③　大正6年2月8日に前戸主甲野宗一郎が亡くなって、甲野太郎が家督相続をし、
④　大正13年1月20日に京都府綴喜郡宇治田原町北亀田23番地から転籍し、
⑤　昭和20年4月6日午後4時に本籍地で死亡、
⑥　昭和20年5月7日に甲野敬一の家督相続届出によって本戸籍消除、
と記載されています。

この戸籍の編製日は、一番新しい年月日の戸籍編製原因である④の管外転籍である大正13年1月20日です。そして、⑤の昭和20年4月6日死亡後の、⑥昭和20年5月7日にこの戸籍が消除されています。ですから、この戸籍は、大正13年1月20日から昭和20年5月7日までのもので、被相続人が大正13年1月20日から死亡する昭和20年4月6日まで在籍しています。そうしますと、被相続人の相続人を調査するには、この戸籍の前、つまり大正13年1月19日以前の戸籍も取り寄せる必要があります。

(2)　養子縁組により入籍した養子の在籍期間

養子縁組で入籍した養子が被相続人である場合、嫡出子として出生から戸籍に入籍したのではなく、途中から入籍しています。そのため、養子の在籍期間を、単純に嫡出子と同じように戸籍の編製日と養子の出生日だけを見比べて判断してしまい、その結果間違ってしまうことが多くあります。そのため、旧法戸籍でも現行戸籍でも、養子が被相続人の場合は、特に注意して養子の在籍期間を判断する必要があります。間違いを防ぐためには、戸籍事項欄をよく読むことが必要です（詳細は第4章一四一頁以下参照）。

具体例として、次の戸籍をご覧いただき、被相続人の乙山三郎の在籍期間を検討しましょう。

本籍　（省略）

前戸主　乙山守

（出生事項及び婚姻事項は省略）

大正拾弐年九月壱日前戸主守死亡ニ因リ家督相続届出大正拾弐年九月弐拾日受付㊞……①

昭和参拾弐年法務省令第二十七号により昭和参拾参年四月壱日本戸籍改製㊞

昭和参拾弐年法務省令第二十七号により昭和参拾九年壱月参拾日新たに戸籍を編製したため本戸籍消除㊞……②

戸主

前戸主トノ續柄　亡乙山守　長男

父　亡乙山守

母　亡トキ

長男

乙山宏

出生　（省略）

昭和七年五月五日○○に於テ出生父乙山悟届出同年五月七日受付入籍㊞……③

乙山悟三男乙山宏同人妻律子ト養子縁組届出昭和弐拾年九月一日受付入籍㊞……④

丙野文子と婚姻夫の氏を称する旨届出昭和参拾参年弐月四日受付同月七日送付▲▲に新戸籍編製につき除籍㊞……⑤

養子

父　乙山悟

母　てい

三男

養父　乙山宏

養母　律子

養子

三郎

出生　昭和七年五月五日

この戸籍によると、戸主の乙山宏について、

① 大正12年9月1日に前戸主乙山守が死亡して、乙山宏が同月20日に家督相続届出

② 昭和39年1月30日に新戸籍編製のため消除

とされています。

そして、三郎ですが、

③ 昭和7年5月5日に生まれて、同月7日に入籍

④ 昭和20年9月1日に乙山宏及びその妻律子と養子縁組届出

⑤ 昭和33年2月4日、丙野文子と婚姻して除籍

とされています。

もし、乙山三郎が、乙山宏の嫡出子であれば、出生後すぐ、今回の例ですと、③の昭和7年5月7日に入籍していることになります。しかし、三郎が乙山宏とその妻律子との養子となったのは、④の昭和20年9月1日です。それであれば、三郎が乙山宏を筆頭者とするこの戸籍に入籍したのは、④の昭和20年9月1日です。

つまり、乙山三郎がこの戸籍に在籍した期間は、④の昭和20年9月1日から、⑤の昭和33年2月4日までです。したがって、乙山三郎の出生からの戸籍について、④より前の戸籍を探すことになります。

(3) 認知によって父の戸籍に入籍した子の在籍期間

現行法では、非嫡出子は、出生後母の戸籍に入籍し、父による認知があっても戸籍は変動しません。し

かし、旧戸籍法では、被認知者は、被認知者の側に父の家に入ることのできない事由がない限り、原則として認知者である父の家に入るとされていました（詳細は第4章一六九頁以下参照）。

したがって、被相続人が非嫡出子として出生し、その後父親に認知された場合は、最初は原則として生みの母の戸籍におり、認知後に父親の戸籍に入籍することになります。

具体例として、次の戸籍をご覧いただき、被相続人の甲川大輔の在籍期間を検討しましょう。

除籍

本籍　（省略）

前戸主　甲川与右衛門

大正七年六月九日前戸主与右衛門死亡ニ因リ家督相続届出
同月拾日受付㊞……①
井川ぬいト婚姻届出昭和拾七年六月四日受付㊞
○○ニ転籍甲川太郎妻ぬい届出昭和弐拾六年九月九日（中略）本戸籍消除㊞……②

戸主　甲川　太郎

前戸主トノ続柄　亡　甲川与右衛門　長男

父　亡　甲川与右衛門

母　亡　きぬ

長男

出生　（省略）

（本籍地や戸主などは省略）父甲川太郎認知届出昭和拾七年六月
四日受付入籍㊞……③
昭和拾七年六月四日父甲川太郎母ぬい婚姻嫡出子トナル㊞

長男

父 甲川 太郎
母 ○○ ぬい
長男

大輔

出生 大正八年壱月壱日

（本籍地や戸主は省略）昭和拾七年六月四日甲川太郎ト婚姻届
出同日入籍㊞……④

妻

父 （省略）
母 （省略）
長女

ぬい

出生 （省略）

この戸籍によると、戸主の甲川太郎について、

①　大正7年6月9日に前戸主甲川与右衛門が死亡して、甲川太郎が同月10日に家督相続届出

②　昭和26年9月9日に転籍し消除

と記載されています。

そして、被相続人の甲川大輔については、大正8年1月1日に出生していますが、

③　昭和17年6月4日に、甲川太郎に認知

と記載されています。

なお、甲川大輔の実母のぬいは、

④　昭和17年6月4日に、甲川太郎と婚姻

と記載されています。

そうしますと、この戸籍の編製日は①の大正7年6月10日、消除日は②の昭和26年9月9日となります。一方、被相続人である甲川大輔は、③認知された昭和17年6月4日から、②転籍した昭和26年9月9日まで在籍したことになります。

非嫡出子は、父に認知されるまでは母の戸主の戸籍にいたはずですから、③以前の甲川大輔の戸籍は、その母の戸主の戸籍を取り寄せて探します。この戸籍に非嫡出子の出生日が記載されていることをもって、③以前の戸籍を探し忘れないようにしてください。

6 戸籍の簡易改製と任意改製

(1) 簡易改製

戦後の民法及び戸籍法改正により、大正4年式戸籍から現行戸籍への改製をすることとなりました。しかし、終戦後の混乱から、実際に現行戸籍法が施行されて10年経過した昭和33年4月1日より、一つの旧法戸籍を、現行戸籍法の戸籍編製基準である「一つの夫婦及びこれと氏を同じくする子」の単位になるよう、一つないし複数に分割して編製替えする作業を開始しました。

しかし、旧法戸籍であっても、改製前の在籍者の形態が新法の戸籍編製基準に合致している場合に、あえて現行戸籍に編製替えをせずとも問題とはなりませんので、戸主（筆頭者）の事項欄に、改製事由を記載して、改製済みの効力を生じさせ、編製替えを省略しました。その結果、戸籍上、一つの夫婦及びこれと氏を同じくする子だけである場合には、戸主の事項欄に改製事由を記載して改製済みの効力を生じさせました。これが簡易改製です（詳細は第3章一〇九頁参照）。

(2) 戸籍の簡易改製と任意改製

前述した簡易改製された戸籍は、編製替えをしたことになりますが、様式は旧様式のままです。これを名実ともに現行戸籍にするために、現行戸籍の様式で戸籍を編製替えすることが認められていました。この編製替えは各市区町村の任意とされていましたので、簡易改製した戸籍を現行戸籍の様式に改製することを「任意改製」と呼んでいます。

また、旧法戸籍のままでは新法の戸籍編製基準に合致しない人も一緒に在籍している場合、その基準に合うように除籍等をしてその除籍者のために新たに現行様式の戸籍を編製し、その筆頭者の戸籍事項欄に改製の事由が記載されます（詳細は第3章一一二頁参照）。

7　再製の場合は再製前の情報は引き継がれるか

戸籍の再製は、滅失のおそれがある再製と、申し出による再製、そして、後見又は保佐の登記の通知による戸籍の再製があります。これらは戸籍の内容を変更するものではありませんので、再製後の戸籍は、原則として従前の戸籍どおり回復又は移記されています。再製された戸籍は、その再製日に新たに編製された戸籍なのですが、従前の戸籍がそのまま回復又は移記されています（詳細は第3章一一五頁以下参照）。

8　現行戸籍の管外転籍でも転籍前の編製情報が記載される場合

他市区町村への転籍（管外転籍）をした場合、転籍前の戸籍の戸籍事項欄に記載されていた新戸籍の編製に関する事項や、氏の変更に関する事項は、現行戸籍であっても転籍後戸籍の戸籍事項欄への移記事項とされていた時期があります。昭和23年1月1日に施行された戸籍法施行規則が、昭和35年に一部改正されて、昭和36年1月1日に施行されるまでの間、そのような移記事項とされていました。

ですから、この期間の戸籍事項欄の記載には、注意してください。

具体的な例として、東京都中央区に本籍のある遠山三郎が昭和24年1月29日に妻の朋子と婚姻して新戸籍を編製した後、昭和34年1月30日に東京都大田区に管外転籍し、その後昭和46年3月29日に東京都板橋区に管外転籍した事例を検討しましょう。

まず、昭和24年1月29日から昭和34年1月30日までの、東京都中央区に本籍があった戸籍です。

除籍

本籍	東京都中央区○○
氏名	遠山　三郎

婚姻の届出により昭和弐拾四年壱月弐拾九日夫婦につき本戸籍編製㊞

東京都大田区○○に転籍遠山三郎同人妻朋子届出昭和参拾四年壱月参拾日東京都大田区長受付同月参拾壱日送付本戸籍消除㊞

（出生事項省略）

笹川朋子と婚姻届出昭和弐拾四年壱月弐拾九日受付（以下省略）㊞

父	（省略）	長男
母	（省略）	
夫	三郎	
出生	（省略）	

この戸籍事項欄を見ると、「昭和24年1月29日に遠山三郎が婚姻したため新しく戸籍を編製したこと」、及び「昭和34年1月30日に東京都大田区に転籍したこと」が分かります。

それでは、次に昭和34年1月30日に東京都大田区に転籍した後の戸籍を見てみましょう。

本籍	東京都大田区〇〇
氏名	遠山　三郎

婚姻の届出により昭和弐拾四年壱月弐拾九日夫婦につき本戸籍編製㊞

東京都中央区〇〇から転籍遠山三郎同人妻朋子届出昭和参拾四年壱月参拾日受付㊞

昭和四拾六年参月弐拾九日東京都板橋区〇〇に転籍につき転籍届出同月参拾日同区長から送付消除㊞

（出生事項省略）

笹川朋子と婚姻届出昭和弐拾四年壱月弐拾九日受付（以下省略）㊞

父	（省略）	長男
母	（省略）	
夫	三郎	
出生	（省略）	

この戸籍事項欄を見ると、「昭和24年1月29日に遠山三郎が婚姻したため新しく戸籍を編製したこと」、「昭和34年1月30日に東京都中央区から転籍してきたこと」、そして「昭和46年3月29日に東京都板橋区に転籍したため消除したこと」が分かります。

一見すると、この戸籍は昭和24年1月29日に大田区で新戸籍が編製されたように見えてしまい、この前の戸籍（東京都中央区の戸籍）を見落とす危険があります。2番目の戸籍事項に記載されている「東京都中央区から転籍」の部分を見落とさないようにしてください。また、昭和23年から昭和35年までは、新戸籍編製に関する事項や氏の変更に関する事項が、転籍後戸籍の戸籍事項欄への移記事項とされていたことも忘れないようにしてください。

それでは、昭和46年3月29日に東京都板橋区に転籍した後の戸籍を見てみましょう。

本籍	東京都板橋区○○
氏名	遠山　三郎

昭和四拾六年参月弐拾九日東京都大田区○○から転籍届出㊞

（出生事項省略）

笹川朋子と婚姻届出昭和弐拾四年壱月弐拾九日受付（以下省略）㊞

父	（省略）	長男
母	（省略）	
夫	三郎	
出生	（省略）	

この戸籍事項欄を見ると、「昭和46年3月29日に東京都大田区から転籍してきたこと」しか記載されていません。これは昭和36年1月1日以降、戸籍法施行規則が改正され、管外転籍の際に転籍後の戸籍に移記する事項は、氏の変更に関する事項だけとなったためです。

9　未成年者が相続人となる場合の相続手続

未成年者が相続人となる事案については、誰が実際の相続手続を行うことになるのでしょうか。

通常は両親が未成年者の代わりに手続を行うことになりますが、特別代理人・未成年者後見人が必要となる場合もあります。

(1)　両親が相続手続を行う場合

通常の法律行為と同様、相続の諸手続についても未成年者は自分で相続のための諸手続を行うことが認められません。この場合、通常は父母が親権者として未成年者の代わりに諸手続を行うことになります。

なお、親権は父母の共同行使が原則ですので父母両名の意思確認が必要です。ただし、父母の一方が亡くなった、あるいは父母の一方が成年被後見人となったような場合には、他方の母又は父が単独で親権者として諸手続を行うことになります。成年後見が始まった事実は、法務局が発行する成年後見についての登記事項証明書によって確認が可能です。

また、両親が離婚した場合には父母のどちらかが親権者となりますので、その親権者についてのみ意思確認をすれば足ります。どちらが親権者となったのかは、未成年者の戸籍記載から確認が可能です。

(2)　特別代理人が相続手続を行う場合

例外として、未成年者に両親がいても、その両親が未成年者の代わりに手続を行うことができない場合があります。それは、①父母の一方ないし両方と未成年者が共に共同相続人となる場合、あるいは、②相続人となる複数の未成年者の親権者が共通する場合です。①の例としては、父が亡くなって母と子が共同相続人となる場合であり、②の例としては、父が亡くなった後に父方の祖父が亡くなり、（祖父から見た）孫2名が代襲相続する際に、（孫から見た）母親が共通の親権者となる場合です。

この場合、親権者に代わって未成年者の代理人として諸手続を行う者が必要となります。これを特別代理人といい、親権者や一定の利害関係人の申立てにより家庭裁判所より選任されます。誰が特別代理人となったのかは、家庭裁判所の審判書から確認が可能です。

なお、未成年者が複数いる場合には、各未成年者ごとにそれぞれ特別代理人が必要となります。

(3) 未成年後見人が相続手続を行う場合（実親が死亡の場合）

未成年者の両親が共に亡くなった場合にも、未成年者が自分で相続手続を行うことはできません。このような場合に未成年者の代わりに諸手続を行う者のことを未成年後見人といい、これには選任の仕方に応じて指定未成年後見人と選定未成年後見人の2通りがあります。指定未成年後見人とは、最後に親権を行っていた者、すなわち通常は最後に亡くなった親が遺言で指名した者であり、選定未成年後見人とは、そのように遺言で指名された者がいない場合に、一定の利害関係人の申立てにより家庭裁判所より選任された者です。

指定未成年後見人の場合には、同後見人が自ら市区町村に未成年後見開始を届け出ることで戸籍に記載され、選定未成年後見人の場合にも裁判所書記官より職権で市区町村に通知が行われることで戸籍に記載されますので、誰が未成年後見人となったのかは、未成年者の戸籍記載から確認が可能です。

(4)　未成年後見人が相続手続を行う場合（実親が存命の場合）

実親が存命の場合にも、未成年後見人が必要となる場合があります。

例えば、未成年者が養子となった場合、実親ではなく養親が親権者となりますが、その後養親が死亡した場合でも当然に実親に親権が戻るわけではありません。したがって、未成年者の養親が死亡した場合（夫婦で養親となっていた場合には、夫婦の双方とも死亡した場合）、実親が存命であったとしても未成年後見人の選任が必要となります。

相続対策のために祖母が未成年の孫を養子にしている状態で祖母に相続が発生したような場合にも同様のことが起こり得ます。

また、争いはあるものの、離婚して単独親権者となった親が死亡した場合にも、他方の親に当然に親権が移るのではなく、未成年後見人の選任が必要になると解されています。

10　離婚した元妻の戸籍が婚姻中の氏のままとなっているケース

離婚した夫婦において、離婚した元妻の戸籍が婚姻中の氏のままとなっているケースがありますが、元夫が亡くなった場合の相続手続においては、元妻が相続人となることはなく、相続手続に影響はありません。

すなわち、婚姻によって姓を改めた配偶者が離婚する場合、婚姻前の姓に戻ることが原則ですが、離婚から３か月以内に市区町村に届出を行えば、婚姻時と同じ呼称の姓のままでいることができます。この場合、婚姻により姓を改めた側の配偶者が、婚姻時と同じ呼称の姓で別戸籍となることになります。

離婚手続後にこの届出を行った場合には、戸籍上は一旦旧姓に戻り、その後婚姻時と同じ呼称の姓に変更されることになりますが、離婚手続と同時にこの届出が行われた場合には、戸籍上も旧姓への変更はなく、呼称上は婚姻時と同じ姓が継続することになります。

姓が変わらないとしても、これは単なる呼称上の問題に過ぎず、離婚した同夫婦間で配偶者としての相続資格がないことは当然ですので、混乱しないよう注意が必要です。

11 死後離婚とは？

死後離婚とは、配偶者が死亡した後に、「姻族関係終了届」という書類を提出することで、配偶者側の親族、つまり姻族にあたる義理の両親や義理の兄弟との縁を切ることです。ただし、法律用語で「死後離婚」というものはありません。法律上配偶者の死亡で自動的に婚姻関係は終了するので、離婚することは認められていません。

(1) 姻族関係終了届の提出方法

姻族関係終了届は、届出人の本籍地又は住所地の市区町村役場で入手し、必要事項を記入して戸籍等を添付して提出すれば、それで申請できます。この手続で配偶者側の親族に知らせることも、申請の了解を得る必要もありません。また、提出期限も定められていません。

(2) 姻族関係終了届提出後の戸籍の表記

この姻族関係終了届が提出された場合、戸籍上にその事実が記載されるだけで、別に離婚のように除籍されるわけではありません。ですから、死亡した配偶者との戸籍は、そのまま残ります。これが通常の離婚の場合と異なります。

(3) 姻族関係終了届提出の効果

死亡した配偶者との関係では、あくまで「死別」ですから、配偶者として遺産相続はできますし、遺族年金や生命保険金も受け取ることができます。したがって、**この終了届提出の有無で法定相続人に影響を与えることはありません。**

配偶者が死亡した後には離婚することが法律上認められていませんので、配偶者が死亡しても、そのままでは、姻族との関係はそのまま継続します。その場合、姻族との間で金銭的な世話や、介護の必要がある場合のその負担をすることになります。もし、姻族関係終了届を提出すれば、姻族との間のこれらの扶養や介護の義務がなくなります。これが一番のメリットです。

(4) 姻族関係終了届提出のデメリット

ただし、この姻族関係終了届は、一度提出してしまうと、取り消すことができません。ですから、提出した本人が後日生活に困る等の事情があっても、姻族を頼ることはできません。それに、義理の両親の介護が必要となった時点で、自分にはその義務がないことを伝えることになるのですから、いくら親族に知らせずに姻族関係終了届を提出したとしても、後日自分から伝える必要があります。しかも、死亡した配偶者の両親と、自身の子どもの関係は、祖父母と孫という血族となり、縁を切ることができません。つまりこの血族の関係で、自身の子どもが義理の両親の介護をする義務が生じます。

マスコミによると、義理の両親側の墓に入らずに済むというメリットが伝えられていますが、そもそも法律上は、配偶者と同じ墓に入る義務がありません。法事や墓の問題について、法律では一律に決められていません。この姻族関係終了届を出した結果、姻族側との縁が切れたということで、姻族側が主催する亡くなった配偶者の法要に呼ばれなくなる可能性もあります。結局のところは、姻族関係終了届を提出するにも、感情に任せることなく、慎重に決断しなければならないと思います。

12 再婚、養子縁組と子の（代襲）相続資格

子連れで再婚した母親の再婚相手が亡くなった場合、その子は再婚相手の相続人となるのでしょうか。その後、さらに母親と再婚相手が離婚していた場合はどうでしょうか。また、子連れで養子となった方が亡くなった後でその養親が亡くなった場合、養子の子は通常の養親の孫と同じように代襲相続するのでしょうか。

⑴ 再婚と子の相続資格

再婚後に再婚相手との間で子が生まれた場合に、再婚相手と子の間で相続関係が生じることは当然です。他方、既に子がある者が再婚した場合、その再婚相手と子の間では、当然には民法上の親子としての

図５－１　ＣはＡの相続について代襲相続資格あり

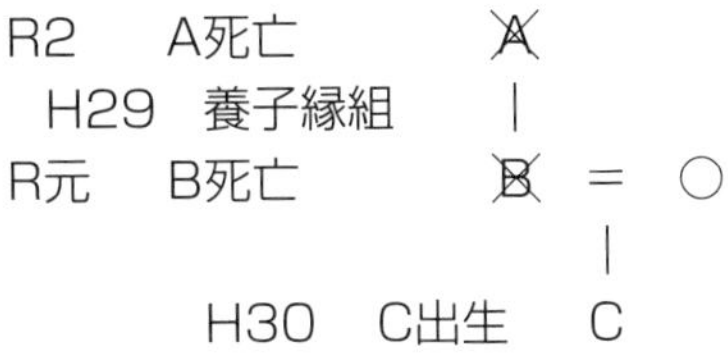

図５－２　ＣはＡの相続について代襲相続資格なし

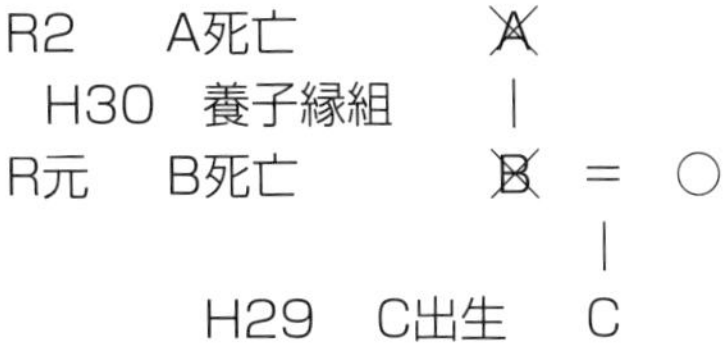

相続関係が生じません。この場合に子が再婚相手との関係で相続資格を持つためには、別途養子縁組が必要となります。

他方、一旦再婚相手の養子となった場合には、後日実親と再婚相手が離婚したとしても、再婚相手との養子関係は当然に終了せず、相続資格は保有したままです。この場合に子が再婚相手（＝養親）との間で相続資格を解消するためには、別途離縁手続が必要となります。

このように、実親の再婚・離婚と連れ子の相続資格は当然には連動しませんので、再婚事例の場合には、子の養子縁組の有無やその後の離縁の有無を戸籍から正確に読み取ることが必要になります。

(2) 養子縁組と子の代襲相続資格

養子は、「縁組の日から」養親の嫡出子たる身分を取得することになります。これにより養子・養親間で相続関係が生じることは当然ですが、養親と養子の子の間での（将来養子が亡くなったとした場合の）代襲相続関係には注意が必要です。

すなわち、養子縁組後に養子に子が生まれた場合には、養親と養子の子との間で代襲相続関係が生じることに問題はありません（図５－１参照）。他方、養子縁組前に既に養子に子があった場合、その子が生まれた時点で養親子間に養子関係はなく、その後の養子縁組の効力が遡及するわけでもありませんので、養親とその子の間に代襲相続関係は生じないことになります（図5－2参照）。

したがって、養子縁組がからむ代襲相続事例の場合には、養子縁組の時期を戸籍から正確に読み取ることが必要になります。

13 夫の親名義の財産を夫の妻が相続で取得できるケース

親と子の配偶者（いわゆる義理の子）との間には直接の相続関係はありませんが、被相続人である親が亡くなり、その相続人となるはずの子も死亡しているという場合には、子の死亡時期との関係で相続関係が異なり、場合によっては子の配偶者も関与してくる可能性があります（第2章28頁参照）。

したがって、被相続人・相続人が共に亡くなっている場合には、その前後関係を戸籍から正確に読み取ることが必要になります。

(1) 親が亡くなる前に子が死亡している場合

親が亡くなる前に子が死亡している場合には、孫がいれば親と孫の間の代襲相続の問題となり、その子が相続するはずであった相続割合で孫が相続権を有することになります。また、孫がいなければ、親の親、あるいは親の兄弟姉妹が法定相続人となります。

この場合、子に配偶者があったとしても、その配偶者が子の親の遺産について取得する権利を有することはありません（図5－3参照）。

図5－3　CはAの遺産について取得する権利がない

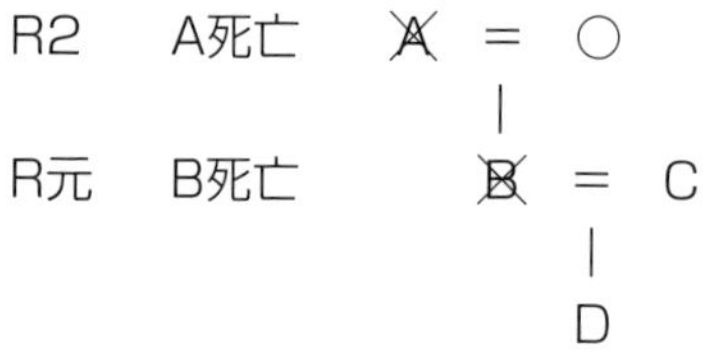

図5－4　CはAの遺産について取得する権利がある（ただし、Aの相続について遺産分割未了の場合）

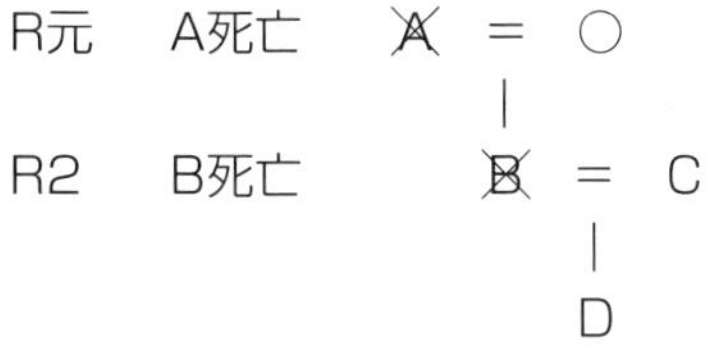

(2) 親が亡くなった後で子が死亡した場合

親が亡くなった後、遺産分割協議が調わない間に子も死亡したという場合には、その子は遺産分割未了であったとしても親の遺産を既に相続しており、その遺産を、さらにその子の相続人が相続するということになります。

この場合、子の財産については子の配偶者にも相続権がありますので、結果として、子の配偶者も子の親の遺産について取得する権利を有することになり、その他共同相続人とともに遺産分割協議に参加することになります（図5－4参照）。

14 過去の戸籍が滅失している場合の相続関係の確認方法

戦災で過去の戸籍が滅失している場合、どのようにして相続関係を確かめればよいかという点ですが、戸籍滅失について市区町村長の発行する証明書を取り寄せることになります。相続関係を確認するためには過去の戸籍等をさかのぼって揃える必要がありますが、戦災や火災・地震その他の天災で戸籍・除籍が市区町村に存在していない場合もあります。このように戸籍・除籍が存在しない場合、市区町村長からその旨の証明書が発行されます（第3章68頁以下参照）。

登記実務では、相続関係確認の際、この証明書に加えて相続人全員による「他に相続人はない」旨の証明書と印鑑証明書を要求するのが従前の取扱いでしたが、平成28年3月11日法務省民二第二一九号民事局長通達により、市区町村からの証明書のみにより相続登記をなしうることとなりました。

もっとも、銀行窓口実務上も、あまりに古い戸籍であり、同戸籍がなくともその他相続人がいないことは常識的に確実であるとして、市区町村長の発行する証明書のみで相続関係を確認する場合もあります。

《コラム》死亡保険金の受取り

相続が発生した場合、被相続人名義の預貯金は凍結され、通常は相続人全員の同意がない限り、引出しや解約はできなくなりますが、この時でも死亡保険金については、保険金受取人は他の相続人の同意の必要なく、単独の手続で保険金を受け取ることができます。仮に相続放棄をしていたとしても、死亡保険金は受取り可能です。これは、受取人が指定される生命保険の死亡保険金は受取人固有の財産であり、本来の相続財産には含まれないとされているためです。

実務上は、被相続人が生前に保険に加入しておくことは、「死後の生命保険金は受取人に渡す」という内容の遺言書を作成しておくことと、ほぼ同等の効果を持つことになります。

15 戸籍の取り寄せ方と料金

戸籍の取り寄せ方を聞かれた場合、どのように答えればよいでしょうか。

戸籍は、被相続人の相続人であれば、その親族関係を証明することで被相続人の本籍のある市区町村から取り寄せることができます。親族関係の証明について、当該市区町村にある戸籍のみから親族関係が分かる場合にはその他の証明資料は不要ですが、本籍が移動したために除戸籍が複数の市区町村に点在している場合には、他市区町村から取り寄せた除戸籍謄本の写しも併せて添付して証明する必要があります。ただし、令和元年の戸籍法一部改正により、令和6年度以降本籍地の市区町村以外の市区町村窓口でも戸籍謄抄本の請求が可能となることが想定されています（46頁参照）。

なお、取り寄せの際には、「相続人調査のために必要なので生まれてから亡くなるまでの除戸籍を全てください」と依頼すると、当該市区町村が保管する限りの除戸籍を調査して発行してくれます。

郵送や代理人による取得も可能であり、その際の方式や必要書類は各市区町村で異なります。特に、代理人による取得の際には委任状を要求され、その際には本籍・筆頭者名・委任者氏名などを記載することになります。次頁に委任状の書式例を掲載しておきますが、市区町村によっては自筆を要求される場合もありますので、必ず事前に確認するようにしてください。

なお、費用について、一般的には戸籍四五〇円、除籍七五〇円であり、郵送請求の際には定額小為替を同封して申請することになりますが、これも市区町村によって違いがありますので、事前に確認するようにしてください。

委任状の書式例

令和　　年　　月　　日

委　任　状

○○市長殿

委任者

住所　＿＿＿＿＿＿＿＿＿＿＿＿＿＿＿＿

本籍　＿＿＿＿＿＿＿＿＿＿＿＿＿＿＿＿

筆頭者氏名　＿＿＿＿＿＿＿＿＿＿

生年月日　＿＿＿＿＿＿＿＿＿＿

委任者氏名

＿＿＿＿＿＿＿＿＿＿　㊞

私は、次の者を代理人と定め下記の証明書を請求し受け取ることを委任します。

住所　＿＿＿＿＿＿＿＿＿＿＿＿＿＿＿＿

氏名　＿＿＿＿＿＿＿＿＿＿

記

請求する戸籍の表示

氏名　＿＿＿＿＿＿＿＿＿＿

本籍　＿＿＿＿＿＿＿＿＿＿＿＿＿＿＿＿

筆頭者氏名　＿＿＿＿＿＿＿＿＿＿

生年月日　＿＿＿＿＿＿＿＿＿＿

＿＿＿＿＿＿＿＿＿＿を＿＿＿＿通

以上

16 旧法戸籍の漢字に注意

旧法戸籍は年式が古くなると、和文タイプでの打ち込みではなく手書き、さらには毛筆で筆記されています。その筆跡は判読しづらく、現代においては見慣れぬ漢字表記まで加わり解読に苦労します。

まず、数字は基本的に多角文字が使用されます。生年月日や丁番の確認で必ず数字部分は読み解かなければなりませんから、少なくとも次の数字は覚えておくとよいでしょう。

一は壹・壱、二は貳・弐、三は参、十は拾、二十は廿
※実物の戸籍例（第1章8頁など参照）

また、漢字は現在の常用漢字の字体ではなく、旧字体が多く使用されます。

「仝」は「同」のことで、「仝月仝日」は「同月同日」のことです。
※実物の戸籍例（第3章86頁事項欄2行目など参照）

さらに注意したいのは、人の名前です。漢字は旧字体だけではなく、俗字体（書きくずした文字が定着化した字体）の場合もあります。現在でも、一定の範囲の俗字は、法務省が定める基準のもとで、常用漢字の正字体に変更されることなく、そのまま戸籍に登録されています。

〈俗字体の例〉

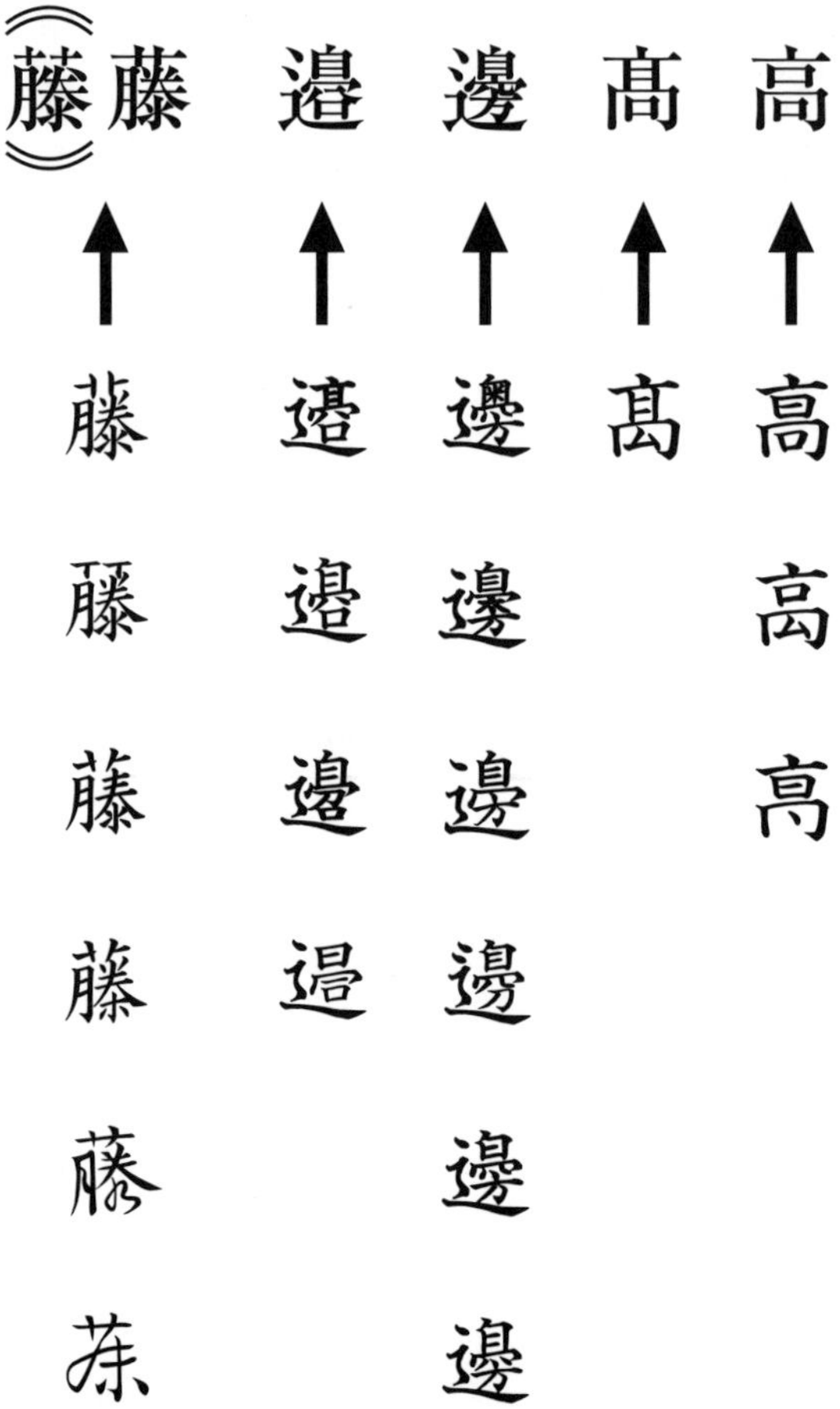

(宇佐市ホームページから転載)

また、名前には変体仮名が使用されている場合もあります。変体仮名とは、現在の平仮名の異体字として使われていた文字のことです。現在の平仮名は、明治33年に改正された小学校令施行規則で採用された文字で、一つの音韻に対して一つの平仮名のみが教えられるようになりました。しかし、この平仮名以外にも音韻を示す仮名文字はいくつもあり、これらは変体仮名（異体仮名）と呼ばれ、平仮名が定められた後も昭和23年の戸籍法が施行されるまで、名前にも使用されていました。

今となっては変体仮名を人名に使用できなくなりましたが、それまでに名付けられた名前を強制的に違う仮名に変更するわけにはいきません。そのため、相続人調査で戸籍謄本を収集してみると、変体仮名の人名が出現してくることはよくあることです。

相続人関係図等の資料にも、変体仮名が使用されている人名は、そのままの表記で記載しますので、基本的な変体仮名は読めるようにしておきたいものです。

コンピュータ化した戸籍でも、変体仮名はそのまま記載されています。

〈変体仮名の例〉

以（い）

江（え）

志（し）

奈（な）

（Koin 変体仮名から転載）

《コラム》定額小為替

戸籍を郵送で取り寄せる場合に使用する定額小為替には五〇円、一〇〇円、一五〇円、二〇〇円、二五〇円、三〇〇円、三五〇円、四〇〇円、四五〇円、五〇〇円、七五〇円、一〇〇〇円の12種類がありますが、その種類にかかわらず発行手数料が一〇〇円かかります。したがって、例えば同じ七五〇円を送金するのでも、七五〇円の定額小為替を送る場合には八五〇円が必要であるのに対して、三〇〇円の定額小為替と四五〇円の定額小為替で送る場合には九五〇円が必要となります。

また、有効期間は発行から6か月であり、同期間を経過した後に使用するためにはさらに再発行手数料が必要となります。

第6章

よくある質問Q＆A

※　現場でよく起こると思われる疑問点をQ＆A形式にまとめました。
詳細は各章で説明していますので、索引代わりとしてもご使用ください。

Q1 なぜ直前の戸籍だけでは相続手続ができないのですか。

A1 戸籍は改製や転籍によって頻繁に作り直されますが、直前の戸籍にはそれ以前に除籍された相続人の情報などが記載されません。そのため被相続人の出生から死亡までの戸籍は最低限取り寄せる必要があります（4頁参照）。

Q2 なぜ昔の戸籍は人がたくさん記載されていて見づらいのですか。

A2 現行戸籍は「氏を同じくする夫婦と未婚の子」を単位として編製されるので、基本的に戸籍に入るのは夫婦とその未婚の子であるのに対し、旧法戸籍は一家の代表である戸主を中心とした「家制度」に基づいて編製されています。そのため妻子だけでなく母親や兄弟、子の配偶者や孫までも記載されているケースが多く、記載が多岐にわたっています。（二〇二頁参照）

Q3 戸籍謄本と戸籍抄本の違いは何ですか。

A3 「戸籍謄本」は戸籍の原本全部を写した書面で「戸籍抄本」は戸籍の原本の一部を抜粋したものです。現在は呼び名も変わっています（47頁参照）。

Q4 「除籍」とはどのようなことを言うのですか。

A4 除籍とは、婚姻や死亡によって現在の戸籍から外れるという意味でも使いますが、戸籍を編製していた構成員が全員いなくなってしまった戸籍のことも除籍といいます（56頁参照）。

Q5 「改製原戸籍（かいせいはらこせき）」とは何ですか。

A5 法改正や命令によって従前の戸籍が新しい戸籍に作り変えられた（改製があった）場合の、従前の戸籍のことを指します（62頁参照）。

Q6 戸籍の期間（いつからいつまで）はどのように見たらいいのですか（明治31年式戸籍の場合）。

A6 明治31年7月16日から大正3年12月31日までに作られた古い戸籍で、「戸主ト為リタル原因及ヒ年月日」の記載がある戸籍は旧法下の明治31年式戸籍と推定されます。この場合、「戸主ト為リタル原因及ヒ年月日」に当初の戸籍編製事由と編製日が記載され、その後、戸主の事項欄に新たな戸籍の編製事由や消除事由が記載されます。

見方としては、戸主の事項欄を確認して新たな戸籍編製事由が記載されていなければ「戸主ト為リタル年月日」から消除日までが当該戸籍の期間となります。戸主の事項欄に「戸主ト為リタル年月日」以後の管外転籍等の記載があれば、その時点で新たな戸籍が編製されているため、その編製日から消除日までが当該戸籍の期間になります。

旧法戸籍では転籍等が複数回あった場合、過去の戸籍編製事項や転籍事項も全て事項欄に記載されるので、複数の編製事由が記載されている場合、編製日の時点については事項欄を注意して読み取る必要があります（81・二〇三頁参照）。

Q7 戸籍の期間はどのように見たらいいのですか（大正4年式戸籍の場合）。

A7 大正4年1月1日から昭和22年12月31日までに作られた古い戸籍で、「戸主ト為リタル原因及ヒ年月日」の記載がない戸籍は旧法下の大正4年式戸籍と推定されます。この場合、戸主の事項欄に当初の戸籍編製事由と編製日が記載され、その後、新たな戸籍の編製事由や消除事由が記載されます。

見方としては、戸主の事項欄を確認して戸籍の編製事由が一つしかなければ、その戸籍編製日から消除日までが当該戸籍の期間となります。戸主の事項欄に当初の編製事由以外の管外転籍等の記載があれば、その時点で新たな戸籍が編製されているため、その編製日から消除日までが当該戸籍の期間になります。

旧法戸籍では転籍等が複数回あった場合、過去の戸籍編製事項や転籍事項も全て事項欄に記載されるので、複数の編製事由が記載されている場合、編製日の時点については事項欄を注意して読み取る必要があります（84・二〇三頁参照）。

Q8 戸籍の期間はどのように見たらいいのですか（現行戸籍の場合）。

A8 昭和23年1月1日以降に作られた戦後の戸籍で、本籍欄と身分事項欄との間に別途記載欄（戸籍事項欄）がある戸籍は現行法下の現行戸籍と推定されます。この場合、戸籍事項欄に戸籍編製事由と編製日（又は編製日のみ）が記載され、その後、管外転籍等の消除事由があればその旨（又は消除日のみ）が戸籍事項欄に記載されます。また、戸籍のコンピュータ化による改製が行われていれば、本籍欄の右側の余白にその旨が記載されます。

見方としては、戸籍事項欄と右側の余白により編製日と消除日を把握し、その編製日から消除日までが当該戸籍の期間になります。もし消除日が記載されていなければ現在も継続している戸籍ということになります。

現行戸籍は戸籍事項欄と右側余白の改製事項を見ればいつからいつまでの戸籍なのかが記載されており、旧法戸籍よりも判別がしやすくなっています。ただし、現行戸籍でも昭和23年1月1日から昭和35年12月31日までの戸籍については、管外転籍があった場合、転籍前の戸籍に記載されていた戸籍編製事項などは転籍後の戸籍事項欄に移記されます。したがって、複数の編製事由が記載されている場合、編製日の時点については戸籍事項欄を注意して読み取る必要があります（48・87・二二五頁参照）。

Q9　戸籍の期間はどのように見たらいいのですか（コンピュータ化戸籍の場合）。

A9　横書きで書かれた比較的新しい戸籍は現行法下のコンピュータ化戸籍と推定されます。この場合、戸籍事項欄に戸籍編製事由と編製日が記載され、その後、管外転籍等の消除事由があればその旨が戸籍事項欄に記載されます。

見方としては、戸籍事項欄により編製日と消除日を把握し、その編製日から消除日までが当該戸籍の期間になります。もし消除日が記載されていなければ現在も継続している戸籍ということになります。

コンピュータ化戸籍は戸籍事項欄を見ればいつからいつまでの戸籍なのかが記載されており、旧法戸籍よりも判別がしやすくなっています（52・90頁参照）。

Q10 被相続人の戸籍への在籍期間はどのように見たらいいのですか。

A10 被相続人がある戸籍にいつからいつまで在籍していたのかを確認する場合、まずＱ６～Ｑ９で確認した戸籍の編製日と被相続人の出生日を比較します。出生日が戸籍の編製日よりも前であれば（「編製日＞出生日」であれば）当該戸籍よりも古い戸籍が存在するので、さらに編製前の戸籍をさかのぼります。出生日が戸籍の編製日の後であれば（「出生日＞編製日」であれば）、次に被相続人の身分事項欄で「被相続人がいつ戸籍に入籍したか」を確認します。出生日と入籍日がほぼ等しければ出生時点から当該戸籍に在籍していたことになりますが、出生日と入籍日が異なる場合、入籍日前の戸籍が存在するのでさらに入籍前の戸籍をさかのぼります。例えば被相続人が嫡出子であれば出生日と入籍日はほぼ等しくなるはずですが、被相続人が養子や非嫡出子である場合は出生日と入籍日とが異なり、さらに前の戸籍が存在する可能性が高くなります。

上記の確認を繰り返し、「戸籍への入籍日≒被相続人の出生日＞戸籍の編製日」となっていれば、原則、被相続人の出生日時点の戸籍は収集できたことになります（≒の符号には出生から実際の届出まで日数を要するケースを想定しています）（6～8・二〇七～二一三頁参照）。

Q11 戸籍の出生日が戸籍の編製日よりも後になっています。これは出生からの戸籍は揃っていると考えてよいでしょうか。

A11 例えば被相続人が養子や非嫡出子である場合、養子縁組や認知により途中から当該戸籍に入籍した可能性が高いです。出生日と編製日だけで判断せず、当該者の身分事項も確認する必要があります（二〇七～二一三頁参照）。

Q12 相続人から戸籍一式を受け入れましたが、コンピュータ化された戸籍がありません。これでは全ての戸籍が揃っているとは言えないのでしょうか。

A12 戸籍のコンピュータ化は全ての市区町村で行われているわけではなく、現時点でまだコンピュータ化を行っていない自治体もあります。受け入れた中での一番新しい戸籍を見てコンピュータ化への改製が行われているかどうか確認してください（63頁参照）。

※ 本原稿執筆時点で、戸籍がコンピュータ化されていない自治体は一つのみとなっています。

Q13 結婚すると新しい戸籍が作成されるのですか。

A13 旧法戸籍では家制度に基づき編製されているため、結婚しただけでは新しい戸籍は作られません。一方、現行戸籍では「一の夫婦と氏を同じくする未婚の子」を単位とするため、原則、新しい戸籍が作成されます（91～一〇三頁参照）。

Q14 戸籍の筆頭者が死亡したらその戸籍は除籍となり新たな戸籍が作られるのですか。

A14 旧法戸籍では戸主が死亡した場合は家督相続が起こるので新たな戸籍が編製されます。一方、現行戸籍では筆頭者が死亡しても他に戸籍の構成員がいれば直ちに除籍はされずに、全員が除籍されるまでそのまま筆頭者の戸籍として保管されます（65〜67・一〇三〜一〇六頁参照）。

Q15 出生したら新しい戸籍が作成されるのですか。

A15 旧法戸籍でも現行戸籍でも、通常は誰かの出生により新しく戸籍が編製されることはありません（稀に例外はあります）（91〜一〇三頁参照。例外の一例は一七四頁参照）。

Q16 被相続人の出生から死亡までの戸籍を取り寄せましたが、被相続人の子どもと思われる戸籍はありませんでした。相続人となる子どもはいないと考えてよろしいでしょうか。

A16 現行法の戸籍で養子縁組や認知を行った場合は、戸籍上ではなく身分事項欄に記載されるのみです。籍の有無だけでなく身分事項欄まで注意して確認する必要があります（一五三・一七一頁参照）。

Q17 最新戸籍の戸籍事項に「平成6年法務省令第51号附則第2条第1項による改製」と記載されています。この戸籍の始期は平成6年からと考えてよいでしょうか。

A17 「平成6年法務省令」や他に記載のある「昭和32年法務省令」はあくまで改正が発令された年であり、戸籍の編製日や消除日とは関係ありません。その前後に記載されている「編製日」「改製日」「消除日」等で在籍期間を考えてください（6〜7頁参照）。

Q18 身分事項欄に「昭和32年法務省令第27号ニヨリ○月○日本戸籍改製」と書かれています。ということは、改製前の戸籍が存在するのでしょうか。

A18 いいえ。身分事項欄に記載されている「昭和32年法務省令第27号」は簡易改製が行われたことを表すものです。簡易改製の場合は改製による新戸籍は編製されず、改製前の原戸籍も作成されません（89・一〇九・二一四頁参照）。

Q19 簡易改製で新戸籍が編製されないのなら、この表示のあるQ18の戸籍が最新の戸籍になるのでしょうか。

A19 いいえ。簡易改製の後、全ての市区町村で任意改製が行われ、それによりこの戸籍は現行戸籍へと改製されています。この場合、Q18記載のさらに先に「昭和32年法務省令第27号により××年×月×日あらたに戸籍を編製したため本戸籍消除」という記載があるはずなので、この消除日（任意改製日）以降の戸籍が存在します。

また、任意改製により新編製された戸籍には、戸籍事項欄に「昭和32年法務省令第27号により○○年○月○日改製につき××年×月×日本戸籍編製」という記載がなされます。（一一二・二一四頁参照）。

Q20 事項欄に「司法大臣ノ命ニ依リ昭和○年○月○日本戸籍ヲ改製ス」と書かれています。Q18同様、改正前の戸籍は作成されていないのでしょうか。

A20 いいえ。この表記は明治31年式戸籍から大正4年式戸籍への改製が行われたことを表し、改製前の戸籍が存在します。改製前戸籍に相続人が記載されている可能性があるので、改製原戸籍を取り寄せてください（一〇六～一〇八頁参照）。

Q21 戸籍に「……のため戸籍再製」と書かれています。再製前の戸籍などを取り寄せる必要はあるのでしょうか。

A21 いいえ。再製とは戸籍が滅失した場合又は滅失のおそれがある場合などに、新しい用紙に移し替えることです。再製の場合は再製前の情報も再製後の戸籍に記載されますので、再製前の原戸籍などは作成されません（二一五頁参照）。

Q22 戸籍の本籍地が実線で抹消されています。これはどういう意味でしょうか。抹消前の戸籍が作成されているのでしょうか。

A22 同一管内での転籍があった場合において転籍前の本籍地が実線で抹消された場合の表示です。同一管内の転籍では転籍前の本籍地が実線で抹消されるだけで、転籍を理由とする新たな戸籍の作成などは行われません（二〇五頁参照）。

Q23 戸主の事項欄に転籍の情報がたくさん載っています。戸籍の在籍期間はいつからいつまでと判断すればよろしいでしょうか。

A23 旧法戸籍では過去の転籍情報も全て移記されるため、戸籍の編製事項が複数記載される場合があり、分かりづらくなっています。慎重に在籍期間等を確認する必要があります（二〇三頁参照）。

Q24 では現行戸籍の場合は戸籍の編製事項は一つしか記載されないのでしょうか。

A24 現行戸籍でも昭和23年1月1日から昭和35年12月31日までの戸籍については、管外転籍があった場合、転籍前の戸籍に記載されていた戸籍編製事項などは転籍後の戸籍事項欄に移記されます。判別しづらいケースもあるのでQ23同様に慎重な確認が必要です（二一五頁参照）。

Q25 被相続人の戸籍を全て揃えれば、相続人は必ず確定するのでしょうか。

A25 胎児がいる場合や相続放棄などがある場合には戸籍上には記載されないので、相続人に確認する必要があります。また稀ですが、認知などの情報については戸籍を取り寄せても分からない場合があります。あらかじめ被相続人や相続人にもヒアリングしておくようにしてください（19・26・一八二～一八六頁参照）。

Q26 被相続人の子どもは小さいうちに死亡しており、両親も既に亡くなっているとのことです。相続人は配偶者のみと考えて手続を行ってよいでしょうか。

A26 一般的に、近い将来相続が起こりそうな世代の方は兄弟姉妹がたくさんいることが多く、配偶者のみが相続人というケースはあまりありません。兄弟姉妹が相続人になっている可能性があるので、戸籍を取り寄せてください（23頁参照）。

Q27 被相続人は妻と離婚していますが、その妻は離婚後も被相続人の氏を名乗っています。この場合、離婚した妻は相続人になるのでしょうか。

A27 離婚した配偶者は相続人にはなりません。たとえその配偶者が離婚後に被相続人の氏を名乗っていたとしても、相続人になることはありません（二二一頁参照）。

Q28 被相続人の配偶者が「亡くなった配偶者とは死後離婚した」と言っています。死後離婚によって相続人が変わるなどの影響があるのでしょうか。

A28 配偶者の死亡後に死後離婚（婚姻関係終了届の提出）があったとしても、それにより相続人が変わるなどの影響はありません（二二二頁参照）。

Q29 被相続人は離婚しており、子どもの親権は離婚した妻が持っています。親権を持たない父親が亡くなった場合、子どもは相続人になるのでしょうか。

A29 嫡出子として相続人になります（一三〇頁参照）。

Q30 既に子どもがいる女性が再婚しました。その女性の連れ子は再婚相手の夫の相続人になりますか。

A30 再婚相手の夫と養子縁組をしない限り、連れ子はその夫の相続人にはなりません（二二四頁参照）。

Q31 養子縁組時に既に養子に子どもがいた場合、その養子の子どもは（養子から見た）養親の代襲相続人になりますか。

A31　養子は養子縁組の時点で養親と親子関係を持つので、養子縁組前に既に生まれている養子の子は養親の代襲相続人にはなりません（二二五頁参照）。

Q32　戸籍を見ると、結婚して夫になる者が妻の戸籍に入り妻の氏に変わっています。この場合、夫は婿養子として妻の親の相続人となるのですか。

A32　夫は妻の親と養子縁組をしないかぎり、妻の親の相続人にはなりません。夫の氏が妻の氏に変わっているというだけでは判断できないので戸籍をよく確認してください（一九四頁参照）。

Q33　被相続人は孫を養子にしていました。孫は10歳の未成年者ですが、実親を親権者として相続手続を行ってよいでしょうか。

A33　孫の親権は養親である祖母にあるため、実親は親権がありません。未成年後見人を選任した上で手続を行う必要があります。またこの際、実親を未成年後見人とすることもできますが、その実親と孫とがともに相続人になる場合、家庭裁判所に特別代理人の申立てを行う必要があります（二一九頁以下参照）。

Q34　預金の解約手続について、相続人の配偶者の署名捺印が必要な場合があるのでしょうか。

A34　相続発生後に相続人が死亡している数次相続の場合、必要になるケースがあります。相続人の事実関係を正確に把握する必要があります（30・二二七頁参照）。

Q35 相続人でなくても戸籍の取り寄せはできるのですか。

A35 相続人からの委任状があれば可能です（委任状のサンプルは二三〇頁参照）。また弁護士や税理士等の資格者は自ら職務請求で取り寄せることが可能です（46頁参照）。

Q36 戸籍の一部が戦災で焼失してしまっており、出生からの戸籍が取り寄せできません。どのように対処したらよいでしょうか。

A36 市区町村役場にて、その戸籍が焼失した旨の証明書（焼失告知書）を取り寄せてください（70・二二七頁参照）。

Q37 古い戸籍になると旧字が多くて数字が分かりません。どのように読めばよいのでしょうか。

A37 二三一頁の旧字体の項を参考にしてください。

Q38 平成29年に「法定相続情報証明制度」というものができたと聞きました。どのような制度なのでしょうか。また、戸籍確認の事務手続は楽になるのでしょうか。

A38 「法定相続情報証明制度」とは相続人又は代理人が登記所に必要な書類を提出し、登記官が内容を確認した上で、法定相続人が誰であるのかを証明して「法定相続情報一覧図の写し」を交付する制度です。法定相続情報一覧図の写しは戸籍の束の代わりに預金解約などの各種手続に利用できるため、戸籍謄本一式の提出が省略でき、相続手続にかかる相続人・手続の担当部署双方の負担が軽減されます。ただし、必要な書類は各機関で異なりますので、実際に必要な書類については提出先の金融機関等に事前に確認するようにしてください。（一三一頁以下参照）。

Q 39　法定相続情報証明制度の申し出は必ず相続人が行わなければならないのですか。

A 39　申し出の手続をする申出人は、原則は被相続人の相続人ですが、申出人の親族のほか、一定の資格者代理人に委任することができます（一三三頁参照）。

Q 40　法定相続情報一覧図の写しの交付に手数料はかかりますか。

A 40　本制度は無料で利用できます。ただし資格者代理人に委任する場合などには別途費用がかかるものと思われます。また、交付後5年間は登記所で再交付を受けることもできます（一三六頁参照）。

Q 41　相続人の一人が「預貯金は相続人全員の同意がなくても相続分に応じて分割できるはずだ。なので自分の相続分だけ払い出してほしい」と言っています。払出し手続に応じてもよいのでしょうか。

A 41　平成28年の最高裁決定により、預貯金の相続時における法律上の扱いが変わっています。さらに、平成30年の相続法の改正等により、令和元年7月1日より「預貯金の払戻し制度」が施行されています。単独で判断せず、その金融機関の判断を仰ぐようにしてください（38・一三八頁参照）。

Q 42　預貯金の払戻しについて、今回2つの制度が設けられたとのことですが、両制度の関係はどうなっていますか。

A42 今回の改正で、遺産分割前に預貯金の払戻しを認める制度として、①家庭裁判所の判断を経ないで預貯金の払戻しを認める方策と、②家庭裁判所の判断を経て預貯金の仮払いを得る方策の2つの方策が設けられました。①の方策については限度額が定められていることから、小口の資金需要については①の方策により、限度額を超える比較的大口の資金需要がある場合については②の方策を用いることになるものと考えられます。（38頁参照）。

Q43 払戻しできる預貯金額の計算は、支店ごとに行ってもよいのでしょうか。

A43 家庭裁判所の判断を経ない場合、払戻額は支店ごとではなく金融機関ごとに計算します。1つの金融機関から払戻しが受けられるのは最大で一五〇万円までです。（39頁参照）。

Q44 今回の改正により、自筆証書遺言の方式が緩和されたとのことですが、全文パソコンで作成してもいいのですか。

A44 全文パソコンで作成することはできません。今回の改正では、自筆証書遺言に添付する財産目録についてては手書きでなくてもよいこととしていますが、遺言書の本文については、これまでどおり手書きで作成する必要があります。（34頁参照）。

Q45 新しくできた自筆証書遺言の保管制度について、どの法務局に遺言書保管の申請をすることができるのですか。

A45 遺言書の保管の申請は、遺言者の住所地若しくは本籍地又は遺言者が所有する不動産の所在地を管轄する遺言書保管所（法務大臣の指定する法務局）の遺言書保管官（法務局の事務官）に対してすることができます。なお、遺言書保管所の指定及び具体的な管轄については、法務省のホームページで公表されています（34頁参照）。

http://www.moj.go.jp/MINJI/minji03_00051.html

Q46 保管の対象となる遺言書はどのようなものですか。

A46 保管の申請の対象となるのは、自筆証書による遺言書のみです。また、遺言書は、封のされていない法務省令で定める様式に従って作成されたものでなければなりません。なお、具体的な様式については、施行日（令和2年7月10日）までの間に定めることとなります。（34頁参照）。

Q47 遺言書の保管には費用はかかるのですか。

A47 遺言書の保管の申請、遺言書の閲覧請求、遺言書情報証明書（遺言書の画像情報等を用いた証明書）又は遺言書保管事実証明書（法務局における遺言書が保管されているかどうかを証明した書面）の交付の請求をするには、手数料を納める必要があります（35頁参照）。

Q48 いつから改正法は施行されるのですか。また、すべての制度が一斉に施行されるのでしょうか。

A48 改正法の施行は平成31年1月13日より、段階的に施行されることとなっています（42頁参照）。

《コラム》遺言があっても「善意の第三者」には対抗できない場合

平成30年7月13日の相続法の改正等では、「相続の効力等に関する見直し」も明文化されました。これは、相続させる旨の遺言等により承継された財産は、現行法では「登記なくして第三者に対抗することができる」とされていましたが、相続法の改正等により、法定相続分を超える部分の承継については、登記等の対抗要件を備えなければ第三者に対抗することはできないこととなりました。

例えば、被相続人Aの相続人が長男B・次男Cの2名であり、Aは相続財産として不動産を所有しており、次男CはD銀行から500万円の借入金があったとします。D銀行は次男Cへの貸付金500万円はCが相続した不動産を差し押さえて回収しようと考えています。ここで「不動産はすべて長男Bに相続させる」旨の遺言がある場合、現行法では常に遺言が優先されるため、D銀行は先に不動産の差押えをしたとしても長男Bに対抗することはできませんでした。しかし、法改正後は遺言の内容を知り得ないD銀行が長男Bの登記より先に差押えを実行した場合、その差押えは有効なものになります。

この改正の趣旨は「遺言の有無及び内容を知り得ない相続債権者・債務者等の利益や第三者の取引の安全を確保」するためであり、登記制度や強制執行制度の信頼を確保できるというメリットがあります。しかし、長男Bの立場からすれば、これまでは自分が相続する旨の遺言があれば、登記や差押えの先後に関わらず自己の権利を主張することができましたが、法改正後は法定相続分を超える部分については先に登記を行わないと、債務者や第三者に対抗することができなくなります。この場合、長男Bは次男Cに対して請求を行うことになると思いますが、対外的には差し押さえられた部分の所有権を主張することは難しくなります。

この法改正は令和元年7月1日以後に開始した相続に適用されますが、「遺言があれば絶対に大丈夫」というこれまでの考え方は通用せず、相続開始から登記実行までの迅速な対応が求められることになります。公正証書遺言や「自筆証書遺言の保管制度」の活用は、そのための有効な手段になると考えられます。

《コラム》住民票等における旧氏併記

その人の過去の戸籍上の氏を「旧氏（きゅううじ）」といいます。旧氏はその人の戸籍、又は除かれた戸籍に記載されています。

97頁の、A男とB女が婚姻し、A男を筆頭者とする夫婦の新戸籍が編製された例では、B女はA男の氏を称することとなります。B女は婚姻後、各種契約等の名義をA男の氏に変更しなくてはならず、大変に不便なものです。昨今では、勤務先等の場で、婚姻後も旧氏を呼称する人が増加しています。

そこで、平成31年4月17日に住民基本台帳法施行令等の一部が改正され、令和元年11月5日の施行後は、旧氏が記載された戸籍謄抄本を持参の上、住所地市町村に請求することで、住民票、マイナンバーカードまたは通知カード、印鑑証明の3点は旧氏を併記することができるようになりました。これで旧氏の公証ができるため、契約等や身分証明の場で、旧氏の利用に資することが期待されています。

令和元年12月1日からは、運転免許証にも旧氏の併記が可能になっています。

【著者プロフィール】

小林　直人（こばやし　なおと）

昭和50年生まれ
平成9年　北海道大学文学部卒
平成9年　野村證券株式会社入社。約10年間勤務
平成22年　税理士登録
平成25年　中小企業診断士登録
平成25年　小林直人税理士事務所開設
著書：「くらしの相続Q＆A」（新日本法規出版／2012 共著）、「中小企業のための超実践！　消費税増税対策」（同友館／2014 共著）

尾久　陽子（おぎゅう　ようこ）

昭和45年生まれ
平成5年　早稲田大学第二文学部卒
平成19年　行政書士登録　おぎゅう行政書士事務所を設立
平成26年　おぎゅう居宅介護支援事業所を併設
一般社団法人キャリア35、一般社団法人みんなのプライド代表理事
著書：「くらしの相続Q＆A」（新日本法規出版／2012 共著）、「印鑑の基礎知識　知らないではすまされない」（きんざい／2014 共著）他

伊藤　崇（いとう　たかし）

昭和54年生まれ
平成13年　東京大学法学部卒
平成17年　弁護士登録
平成23年　林・有坂・伊藤法律事務所を設立
平成26年7月　US-Asia Law Institute 客員研究員
平成28年5月　イリノイ州弁護士登録
平成28年10月　弁護士法人東京パブリック法律事務所
令和3年4月　東京国際パートナーズ法律事務所
著書：「相続人不存在・不在者財産管理人事件処理マニュアル（新日本法規出版／2012 共著）」、「くらしの相続Q＆A」（新日本法規出版／2012 編著）、「判例にみる相続人と遺産の範囲」（新日本法規出版／2013 共著）、「実務解説　相続・遺言の手引き」（日本加除出版／2013 共著）、「実務マスター遺産相続事件」（新日本法規出版／2013 共著）

渡邊　竜行（わたなべ　たつゆき）

平成18年　弁護士登録（第一東京弁護士会）、真和総合法律事務所に勤務。現在に至る
著書：「分かりやすい貸金業法の手引」（新日本法規出版／編集委員）、「問答式　現代契約実務全書」（新日本法規出版／共著）、「くらしの相続Q＆A」（新日本法規出版／2012 共著）他

【参考文献】

「旧法［親族／相続／戸籍］の基礎知識」大里知彦／著（テイハン）
「相続における戸籍の見方と登記手続」髙妻 新・荒木文明／著（日本加除出版）
「相続人確定のための戸籍の見方・揃え方」菱田泰典／著（近代セールス社）

相続実務に役立つ“戸籍”の読み方・調べ方〔第二次改訂版〕

2014 年 9 月 25 日　初版第 1 刷発行
2018 年 5 月 10 日　改訂版第 1 刷発行
2020 年 5 月 20 日　第二次改訂版第 1 刷発行
2022 年 8 月 10 日　第二次改訂版第 3 刷発行

著　者　小林直人・伊藤　崇
　　　　尾久陽子・渡邊竜行

発行者　中野　進介

発行所　株式会社ビジネス教育出版社

〒102-0074　東京都千代田区九段南 4－7－13
TEL 03-3221-5361(代)　FAX 03-3222-7878
E-mail info@bks.co.jp　URL https://www.bks.co.jp

落丁・乱丁はお取り替えします。　印刷・製本　萩原印刷株式会社

ISBN978-4-8283-0838-8　C0032